예수님의 비유로 풀어 쓴 **천국 시크릿**

김연수 지음

예수님의 비유로 풀어 쓴

천국 시크릿

– 누가복음에 나타난 10가지 비유를 중심으로 –

김연수 지음

묵상하는사람들
프리셉트

서문

1974년 7월, 로잔세계복음화대회는 복음이 본래 갖고 있었던 문화와 우리가 전하게 될 피선교지의 문화가 서로 분리될 수 없음을 천명한 바 있다. 이는 우리가 매일 접하고 있는 하나님의 말씀은 바로 말씀이 주어진 그 당시의 문화 속에 주어진 말씀이기에, 우리가 그 당시의 문화를 이해하지 못한다면 하나님의 말씀을 본래의 의도대로 이해하는 데 어려움을 겪을 수밖에 없음을 말한다. 또한 우리도 복음을 우리의 문화 속에서 받았기 때문에 어느 정도 우리의 문화에 맞춰진 복음의 이해를 가지고 있다. 결국 우리가 복음을 다른 사람들에게 전하기 위해서는 복음을 전할 대상이 갖는 문화적 특수성을 제대로 이해해야만 한다. 그들이 속한 문화를 제대로 이해하게 될 때 복음이 가지고 있는 본래의 의미를 살려 적절하고 정확하며 분명하게 성경의 의미를 전달할 수 있게 되는 것이다.

원하든지 원하지 않든지 우리는 문화 속에서 살고 있다. 우리가 성경의 문화와 우리의 문화를 논하지 않으면서, 또 복음을 받아야 할 사람들의 언어와 문화에 관심을 갖지 않으면서 올바른 복음을 이해하고 다른 사람들에게 제대로 전달한다는 것은 어불성설이다. 제대로 타 문화권 선교를 펼쳐나가기 위해서는 선교 대상에 대한 문화적 이해가 시급하다. 하나님의 아들 예수 그리스도는 우리를 구원하시기 위해 이 땅에 내려오셨다. 바로 우리의 문화 속으로 들어오신 것이다.

필자는 인도네시아 이리얀 자야 한 부족을 위해 그들의 말로 성경을 번역하면서 하나님의 말씀을 한 언어(원어)에서 다른 언어(부족어)로 번역하는 것이 두 가지 점에서 매우 어렵다는 것을 깨닫게 되었다. 그것은 바로 언어적이고 문화적인 문제였다. 특히, 기도나 찬양처럼 추상명사가 많이 들어 있는 본문의 번역이 어려웠다. 외부에 대한 노출이 적고 다른 언어의 영향을 적게 받은 언어들은 추상성보다는 구체성이 발달되어 있기에, 그 부족어에서 성경 원문에 맞는 추상적인 개념을 찾아내기란 여간 어려운 일이 아니었다.

그 다음으로는 예수님의 비유 번역이 쉽지가 않았다. 비유가 다분히 문화적이기 때문이다. 먼저는 예수님 당시의 언어와 문화를 필자 자신이 갖고 있는 언어적 문화적 편견 없이 제대로 이해하지 못하면 주어진 비유에 대한 정확한 해석이 일단 힘들었고, 그 비유를 다른 문화권에 사는 사람들을 위해 그들의 언어로 번역할 때 그들의 언어와 문화를 충분히 이해하지 못한다면 예수님이 본래 의도하신 의미를 그 문화권 사람들에게 적절하게 번역하는 것이 매우 어려웠던 것이다. 어떤 비유의 문화적인 상황은 번역하려는 부족 사람들의 그것과 너무도 달라 그대로 번역하면 아무 의미를 주지 못하거나 다른 의미를 주기 때문이었다.

그렇다고 그러한 성경번역 사역이 힘든 것만은 아니었다. 그들과 함께 살면서 성경의 배경과도 다르고, 나의 언어와 문화와도 다른 그들의 언어와 문화를 이해하며 가장 적확한 번역을 찾아가는 과정 속에서 본래의 말씀 속에 녹아 있는, 그동안 별생각없이 지나쳐 버렸던, 아니면 의식할 필요가 없었던 색다르고 참신한 깨달음을 얻게 되는 복을 누렸기 때문이다.

여기에 소개하는 예수님의 비유들은 교회에서 설교했던 내용과 강의에서 간간이 인용했던 것들이다. 또한 좋은 통찰력을 주었던 케네스 베일리 교수의 「시인과 농부」, 그리고 그의 여러 책에서 많은 도움을 받았음을 밝힌다. 그러나 그 무엇보다도 나의 부족한 번역 과정을 통해서 깨우침과 가르침과 통찰력을 주신 성령님께 감사드린다.

책이나 설교집을 집필할 때마다 세상에 이미 많은 자료와 도서가 가득한데 굳이 또 한 권의 책을 낼 필요가 있을까 하고 생각하기도 했다. 그러나 여러 교회와 선교사 훈련에서 강의를 들었던 사람들

중 상당수가 진심어린 권면으로 책 집필에 용기를 주었다. 이 책은 성경번역 선교사가 정글 오지에 들어가 다른 부족어로 성경을 번역하는 과정에서 예수님의 비유를 문화적 관점으로 다시 바라본, 참신하고 색다른 설교집이라는 데 의의가 있다. 성경번역 과정을 통해서 얻고 깨닫게 된 예수님의 비유에 대한 독특성을 반영하려 한 것에 소박하게나마 뿌듯함을 느낀다.

책으로 출판하도록 격려와 권면을 건네주신 분들께 깊은 감사를 드린다. 또한 「끄웨르바 이야기」에 이어 흔쾌히 출판을 허락해주신 프리셉트에 고마움을 표한다. 아무쪼록 이 작은 책이 누가복음에 나타난 예수님의 비유를 좀 더 정확하게 이해하고, 삶에 적용하며, 바르게 가르치고 설교하는데 조금이나마 도움이 될 수 있기를 간절히 기대하며, 하나님께 마음 속으로부터의 깊은 감사를 드린다.

2010년 7월

김연수 선교사 드림

목차

01 예수님의 사역 원리

1그 후에 예수께서 각 성과 마을에 두루 다니시며 하나님의 나라를 선포하시며 그 복음을
전하실새 열두 제자가 함께 하였고 2또한 악귀를 쫓아내심과 병 고침을 받은 어떤 여자들
곧 일곱 귀신이 나간 자 막달라인이라 하는 마리아와 3헤롯의 청지기 구사의 아내 요안나
와 수산나와 다른 여러 여자가 함께 하여 자기들의 소유로 그들을 섬기더라_눅 8:1-3

우리는 어려운 일을 당할 때마다 '왜 나만 이런 고통을 당해야 하는가?'라는 원망을 한다. 이때 우리는 시편 기자의 원망에 동의하고 싶어진다.

> 1하나님이 참으로 이스라엘 중 마음이 정결한 자에게 선을 행하시나 2나는 거의 넘어
> 질 뻔하였고 나의 걸음이 미끄러질 뻔하였으니 3이는 내가 악인의 형통함을 보고 오
> 만한 자를 질투하였음이로다 4그들은 죽을 때에도 고통이 없고 그 힘이 강건하며 5사
> 람들이 당하는 고난이 그들에게는 없고 사람들이 당하는 재앙도 그들에게는 없나니 6
> 그러므로 교만이 그들의 목걸이요 강포가 그들의 옷이며 7살찜으로 그들의 눈이 솟아
> 나며 그들의 소득은 마음의 소원보다 많으며 8그들은 능욕하며 악하게 말하며 높은
> 데서 거만하게 말하며… 12볼지어다 이들은 악인들이라도 항상 평안하고 재물은 더욱
> 불어나도다… 17하나님의 성소에 들어갈 때에야 그들의 종말을 내가 깨달았나이다_
> 시 73:1-17

왜 우리는 어려움을 당할 때마다 원망과 불평의 마음이 가장 먼저 터져나

오는 것일까? 그에 대한 답도 시편 기자를 통해서 찾을 수 있다.

> 5내가 옛날을 기억하고 주의 모든 행하신 것을 읊조리며 주의 손이 행하는 일을 생각하고 6주를 향하여 손을 펴고 내 영혼이 마른 땅 같이 주를 사모하나이다 (셀라)_시 143:5–6

이 말씀은 어려움이 엄습해 올 때 그러한 마음이 생기는 이유와, 그때 우리가 해야 할 일이 무엇인지를 잘 보여주고 있다. 말씀을 자세히 살펴보면, 전반부에서 다섯 개의 중요한 동사가 나타난다. '기억하고, 읊조리며, 생각하고, 손을 펴고, 사모하나이다'가 바로 그것들이다. 사실 원망과 불평은 이미 주님께서 우리에게 베풀어 주시고 행해 주신 이전의 은혜와 우리를 향한 주님의 놀라운 행사를 기억하지 않기 때문이다. 더 나아가 그러한 일들에 대한 감사와 찬양이 소원해진 까닭이다. 감사가 고백되지 않으면 원망과 불평이 터져나오게 되어 있다. 그런데 그러한 감사는 주님이 이미 베풀어 주신 은혜를 기억하지 않을 때 일어날 수밖에 없는 것이다. 영어의 'think'라는 단어와 'thank'라는 단어는 같은 어원에서 나온 단어인데, 그것은 바로 '생각해내지 않으면 감사할 수 없다'는 의미다.

요즘에는 나이와 관계없이 건망증 때문에 어려움을 겪는 사람들이 많다. 그런가 하면 치매로 고생하는 사람도 있다. 건망증과 치매의 차이를 아는가? '건망증'은 아침에 일어나 안경을 끼고 자신의 안경을 찾으러 다니느라 온 집안을 소란스럽게 하는 것, 핸드폰을 TV리모콘으로 착각해 채널을 바꾸려고 하는 것을 말한다. 그러나 어느 날 갑자기 자동차 열쇠를 손에 들고 이 열쇠가 도대체 어디에 쓰이는 열쇠인가를 고민한다면 그것은 바로 '치매'다. 때론 우리에게 큰 웃음을 줄 수 있는 이러한 에피소드는 건망증과 치매로 고통을 당하고 있는 사람들에게는 매우 심각한 것이다. 자녀를 알아보지 못하는 어머니나 아버지를 둔 자녀를 상상해보라. 이보다 더 아프고 심각한 일은 없을 것이다. 작년까지, 아니 지난달, 지난주, 당장 오늘 아침까지 베풀어 주신 은혜를 기억하지 못한다면, 당신은 영적인 건망증과 치매에 걸린 것이다.

누가복음 8:1-3은 이러한 영적 건망증과 치매에 빠지지 않도록, 우리가 이 세상에 살면서 반드시 기억해야 하는 예수님의 삶과 사역의 네 가지 원리를 보여준다.

첫째, 하나님 나라의 원리다

예수님은 각 성과 마을에 두루 다니시며 "하나님의 나라"눅 8:1를 선포하셨다. 예수님은 이 땅에 계실 때 어느 곳에 가시든지 항상 하시는 일이 있었는데, 그것은 바로 하나님의 나라를 전하는 것이었다. 예수님의 사역은 한 마디로, '하나님 나라의 선포'였다. 세례 요한의 첫 설교도 "하나님의 나라가 가까이 왔다"는 것이었고, 예수님의 첫 설교도 마찬가지였다. 예수님의 설교와 사역은 모두 하나님의 나라에 초점을 맞추고 있다. 십자가에서 죽으시고 부활하신 후 승천하시기 전까지 40일 동안 하신 일도 역시 하나님 나라의 선포였다.

> 사십 일 동안 그들에게 보이시며 하나님 나라의 일을 말씀하시니라_행 1:3

예수님은 어디를 가시든지 오로지 하나님의 나라를 선포하셨다. 그렇다면 예수님께서 하나님의 나라를 선포하신다는 것은 어떤 의미가 있는 것일까? 그 의미를 알기 위해서 우리는 먼저 하나님 나라가 무엇인지를 알아야 한다.

본래 '나라'라는 단어는 우리가 흔히 말하는 국가를 의미하고, 국가는 영토, 주권, 국민이라는 세 가지 요소가 반드시 필요하다. 그 중에서 한 개라도 빠진다면 온전한 국가라고 할 수 없다. 왜냐하면 이는 피지배국이나 망명국가가 되어버릴 것이기 때문이다. 국가를 이루는 이 세 가지 요소 중에서 우리에게 가장 익숙하고 자연스럽게 다뤄지는 것은 바로 '영토'다. 그래서 우리가 어떤 국가를 떠올릴 때 그 나라가 어느 곳에 위치하고 있는지, 어느 정도의 땅을 차지하고 있는지를 생각하게 된다. 그러나 성경에서 '나라'라는 단어는 히브리어나 헬라어 모두 일차적으로 '통치', '다스림'의 의미를 가진다. 예를 들어 에스라 8:1을 보면, "아닥사스다 왕이 왕위에 있을 때에"라는 구절에서 '위(位)'라는 말은 본래 '나라'라는 단어를 사용하고 있고, 그 단어의 일차적인 의미인 '다스림'이 드러나고 있다. 그러므로 예수님께서 어느 곳에 가시던지 '하나님의 나라를 선포하셨다는 것은, 어느 곳에서나 '하나님의 통치를 선포하셨다'는 의미가 된다. 왜 예수님께서는 가시는 곳마다 하나님의 통치를 선포하셨을까? 그것은 바로 그것이 가장 중요하기 때문이다.

우리의 대화와 삶은 우리가 가장 중요하게 생각하는 것에 의해 결정된다. 즉 우리가 진정으로 중요하게 생각하는 것에 우리의 관심이 고정되어 있다. 신앙의 수준을 알아보기 원한다면, 요즘 최대 관심사가 무엇인지 알아보면 된다. '요즘 당신의 최대 관심사는 무엇인가? 요즘 가장 많이 하는 말은 무엇인가? 전화기를 붙들면 어떤 주제의 대화를 가장 많이 하게 되는가? 아침에 눈을 뜨면 가장 먼저 어떤 생각이 당신을 지배하는가?' 그 답이 무엇이냐에 따라 우리의 신앙 수준이 결정되는 것이다. 그런 맥락에서 보면, 예수님의 최대 관심사는 하나님의 나라, 하나님의 통치에 있었다. 하나님의 통치 속에 들어가지 않는 인생은 영원한 멸망이요, 소망이 없기 때문에 하나님의 통치를 인정하고 하나님의 통치 속에 사셨던 예수님은 다른 사람들에게도 하나님의 통치를 전하고 다니셨다.

둘째, 함께 함의 원리다

예수님께서 가시는 곳마다 전하고 다니셨던 하나님의 나라, 하나님의 통치하심은 바로 '복음'이었다.

그 복음을 전하실새 열두 제자가 함께 하였고_눅 8:1

그런데 예수님께서 그 복음을 전하실 때 혼자 하실 수도 있었겠지만, 열 두 제자들과 함께 하는 것을 기뻐하셨다. 여기서 예수님의 두 번째 사역 원리가 드러난다. 예수님의 사역은 함께 하는 사역이었다. 함께하는 원리는 예수님과 동행하는 것을 의미한다.

예수님께서 열 두 제자를 뽑으시고, 그들을 훈련하시기 위해서 가장 우선적으로 하신 일이 무엇인 줄 아는가? 예수님께서는 제자들을 뽑으시고 그들에게 말씀을 가르치셨다. 그리고 각종 병과 사탄을 제어할 수 있는 능력을 주시기 전에 먼저 하신 일이 있었다. 아니, 마가는 예수님께서 열 두 제자를 뽑으신 이유를 다음과 같이 설명한다.

이에 열둘을 세우셨으니 이는 자기와 함께 있게 하시고_막 3:14

성경번역 선교사로 헌신하게 된 후, 한국을 떠나는 것이 가장 힘들었다. 왜냐하면 파송 교회에서 대학생들을 4년여 동안 지도했던 것이 큰 방해거리가 되었기 때문이다. 나는 그 사역을 즐기고 있었고, 열매를 맺고 있었고, 주위 사람들의 인정을 받고 있었다. 그것이 내가 한국을 떠나는데 가장 큰 고민거리가 되었다. 나를 아끼는 많은 사람들은 나에게 주님께 받은 달란트와 소명을 다시 한 번 점검해보라고 했다. 한 부족에게 들어가 그들의 말로 성경을 번역하는 것도 귀하지만, 이곳에 남아서 후진들을 키워 10명, 50명, 100명의 선교사를 내보내는 일이 더 귀한 일이 아니겠는지를 생각하라는 것이었다.

때마침 그 당시, 한국에 강의 차 오셨던 로버트 콜만Robert Collman의 강의는 혼란에 빠져 있던 나에게 강한 확신을 주었다. 그는 사복음서에 나타난 예수님의 삶에 대해 연구하다가 놀라운 사실을 발견하게 되었는데, 그것은 예수님의 공생애 중 2/3에 해당하는 시간을 열 두 제자와 함께 보내셨다는 얘기였다.

이처럼 우리가 예수님의 삶을 닮아간다는 것은 제자 양육의 삶을 의미하는 것이며, 우리 인생의 목표가 거기에 맞추어져야 한다는 것이다. 나는 한국에 살거나 선교지에 나가서 사는 것이 중요한 것이 아니고, 어디에서 살든지 제자 양육의 삶을 사느냐 그렇지 못하느냐가 중요한 것임을 다시금 깨닫게 되었다. 또한 내 인생의 목표는 성경번역이 아니고, 성경번역이라는 훌륭한 방법을 가지고 선교지의 사람들을 예수님의 제자로 만드는 것임을 확신하게 되었다.

본래 '제자'라는 단어의 뜻은 우리가 지금 생각하고 있는 것과는 차이가 있다. 우리는 '제자'라고 하면 스승의 가르침을 받는 사람 정도로 생각하지만, 예수님 당시의 '제자'라는 단어는 일차적으로 '스승과 함께 사는 자'였다. 그래서 요한을 따르던 두 제자가 예수님의 제자가 되기를 원했을 때 그들은 "랍비여 어디 계시오니이까"요 1:38라고 질문했고, 이에 예수님은 "와서 보라"요 1:39고 대답하셨던 것이다. 요한은 그들이 "가서 계신 데를 보고 그날 함께 거하니"요 1:39라고 기록하고 있다. 이처럼 제자가 되었다는 것은 예수님과 함께 거하게 되었다는 의미다.

하나님과 인간, 인간과 인간의 모든 문제는 '함께'의 원리가 깨질 때 일어난다. 방황하는 세계의 젊은이들을 위해 〈라브리〉라는 공동체를 세워 많은 일을 하고 수많은 책으로 지대한 영향을 끼친 탁월한 설교자 프란시스 쉐퍼Francis Schaeffer는 "접촉이 없으면 성숙이 없다Without contact, there is no growth"고 말했다. 신앙의 성숙을 원한다면 하나님과 접촉해야 한다. 말씀과 기도로, 그리고 봉사와 전도로 그분과 접촉하지 않고 신앙의 성장을 꾀할 수는 없다.

부부 문제, 부모와 자녀 문제, 친구 문제, 이 모든 것들도 바로 '함께'의 원리가 깨질 때 생기는 것들이다. 부모와 자녀가 한 집에 살고 있다고 해서 진정한 의미의 '함께'가 이루어지는 것은 아니다. 진정한 교제가 없으면 결코 '함께'한다고 볼 수 없다. 하나님께서는 우리가 교회에 나와 몇 시간씩, 아니면 하루 종일 함께 하는 시간을 왜 귀중하게 보실까? 그건 지금 우리에게 예수님과 동행하는 '함께'를 대신할 수 있는 다른 방법이 없기 때문이다. 그렇기에 우리가 다른 사람들에게, 자녀들에게 영적으로 거룩한 영향력을 끼칠 수 있는 방법은, 생명의 일부인 우리의 시간을 그들에게 내어주는 방법 말고는 없다. 이처럼 예수님께서는 우리에게 그러한 '함께' 하심을 직접 몸으로 보여주셨다. 그리고 이 세상 끝날까지 우리와 '함께' 하실 것을 약속하셨다. 다른 사람들을 위해서 자기 시간을 내어주지 않고서는 그들을 위한 어떤 영적인 일도, 거룩한 영향력도 끼칠 수 없음을 명심하라.

셋째, 긍휼의 원리다

예수님의 주위에는 항상 "악귀를 쫓아내심과 병 고침을 받은"눅 8:2 사람들이 있었다. 예수님께서는 귀신 때문에, 병 때문에 고통을 겪는 사람들을 그냥 내버려 두지 않으셨다. 그래서 예수님의 주위에는 항상 도움을 필요로 하는 사람들이 모여 들었고, 예수님께서는 그들의 문제를 해결해 주셨다. 그런데 예수님께서 그들의 고통을 해결해주실 때마다 자주 등장하는 단어가 있다. 그것은 바로 '불쌍히 여기사', '긍휼히 여기사'이다. 어떤 경우에는 '민망히 여기사'라는 단어가 사용되기도 했다.

예수님께서는 그의 도움을 간절히 필요로 하는 사람들을 보실 때 불쌍히 여기시고, 긍휼히 여기셨으며, 민망히 여기셨다. 우리는 여기에 등장하는 일곱 귀신 들렸던 막달라 마리아의 생활을 자세히 알 수는 없지만, 그녀가 예수님을 만나기 전까지 얼마나 비참한 삶을 살았는지는 짐작할 수 있다. 왜냐하면 마리아는 하나도 아닌 일곱 귀신이 들려 시달리고 있었기 때문이다. 그러나 그녀의 인생은 예수님을 만나고 나서 달라졌다. 예수님께서는 마리아를 불쌍히 여기셨다. 우리는 여기서 예수님의 세 번째 사역 원리를 찾을 수 있다. 예수님은 긍휼의 원리를 가지고 사는 분이셨고, 우리의 삶 속에서도 그러한 긍휼의 원리가 나타나기를 원하고 계신다.

'불쌍히 여기사', '긍휼히 여기사', '민망히 여기사'는 원래 모두 한 단어다. 영어로 'compassion'이라는 단어인데, 이는 라틴어의 pati와 cum의 합성어다. 'pati'는 '고통', '아픔', '견딤'이라는 의미를 가지고 있고, 'cum'은 '함께'라는 의미를 가지고 있다. 따라서 이 단어를 직역하면, '함께 아파함', '함께 고통을 겪음', '함께 견딤'이라고 할 수 있다. 결국 고통 중에 있는 사람들에게 동정심을 가지고 함께 아파하고, 함께 견디도록 도와주는 숭고한 뜻을 가지고 있는 것이다. 그런데 더욱 놀라운 것은 '불쌍히 여기다'를 뜻하는 희랍어 단어다. 이 단어는 'splangchnidzomai'라는 동사를 사용하는데 그것은 'splangchnon'이라는 명사에서 파생된 동사로, 그 명사 자체가 '동정심'눅 1:78의 의미를 가지고 있으나 본래는 인간이나 동물의 내장을 가리키며 때로는 '심장'빌 1:8 '그리스도의 심장'으로 번역되기도 한다.

> 내가 예수 그리스도의 심장으로 너희 무리를 얼마나 사모하는지 하나님이 내 증인이시니라_빌 1:8

여기서 '심장'이 바로 그 단어다. 그러므로 예수님께서 '민망히 여기셨다'는 말을 이 단어의 어원으로 표현한다면, 예수님께서는 자신의 도움을 필요로 하는 사람을 만나면 '그 내장이 흔들렸다'는 의미다. 한마디로 안타까운 상황 속에서 고통을 겪고 있는 사람들을 보실 때면 예수님의 심장이 요동쳤다는 것이다. 예수님은 자신이 도와주지 않으면 해결될 수 없는 고통으로 인해 힘들어 하는 사람들을 보시면, 삶으로 반응을 보이지 않고는 그들을 지나치실 수 없으셨다.

우리에게도 긍휼의 마음, 다른 사람들에 대해 불쌍히 여기는 마음이 용솟음치던 시절이 있지 않는가? 처음 예수님의 은혜를 발견하고, 죽을 수밖에 없었던 자신의 죄를 깨닫고 주님께 감사하는 마음으로 충만해, 죽어가는 영혼들을 향해 애끓던 경험이 조금씩은 있을 것이다. 그래서 가족과 친척의 구원을 위해, 친구의 구원을 위해 몸부림치며 기도했던 때가 있었다. 그러나 이러한 기도를 시작한 지 한 달이 지나고, 일 년이 지나고, 몇 년이 지나자 절박했던 마음이 점점 사라지기 시작한 것이다. 가족 구원에 대한 절박함은 시간이 지날수록 사그라들었고, 거의 매일 만나는 불신자 친구에 대해서도 거의 포기한 상태는 아닌가?

우리는 영적인 문둥병에 걸려 있는지도 모른다. 예수님은 눈물이 메말라버린 우리 마음이 긍휼을 회복할 것을 요구하고 계신다.

넷째, 헌신 사용의 원리다

인류 역사상 가장 위대한 역사를 꼽으라면 단연코 예수님의 십자가 사역일 것이다. 리 스트로벨Lee Strobel은 「예수 사건The Case of Christ」이라는 책으로 많은 사람들에게 충격을 던져주었다. 그는 철저한 불신자였다. 더 정확히 말하면, 예수님을 믿는 사람을 설득시켜 믿지 못하게 만들어야 된다는 생각으로 충만했던 사람이다.

리 스트로벨은 예일대학 법학부를 졸업하고, 시카고 트리뷴지에 입사했다. 입사하고 얼마 되지 않아 유명한 법학 자문 기자가 되었다. 그것은 그의 탁월한 문필력 때문이었다. 그런데 그에게는 항상 자신을 괴롭히는 일이 있었다. 그것은 바로 '예수님'이라는 존재였다. 예수님은 그렇게 오랫동안 많은 사람들에게 엄청난 영향력을 끼칠 만한 존재가 아니라고 생각한 것이었다. 어느 날, 리 스트로벨은 중대한 결심을 한다. 2년 동안 예수님에 관한 불리한 자료들을 모아 예수님을 믿을 필요가 없다고 강력히 주장할 책을 쓰기로 한 것이다. 그는 정말로 2년 동안 책을 쓸 수 있을 정도의 충분한 자료를 모았다. 결과는 어떻게 되었을까? 그는 예수님의 제자가 되었다! 그는 2년 동안 모은 자료들을 가지고 왜 예수님을 믿어야 하는지를 증명하는 책을 썼다. 그것이 바로 「예수 사건」 개정판은 「예수는 역사다」이라는 책이다. 이 책은 미국의 많은 불신 젊은이들을 그리스도께로 이끌었고, 한국에서도 번역되어 한국의 젊은이들에게도 지대한 영향을 끼쳤다.

그렇다면 이 위대한 사건, 사역을 누가 후원했을까? 예수님은 하나님으로부터 직접적인 지원을 받지 않으셨다. 예수님은 제자들과 함께 날마다 다른 마을로 가서 다른 사람들에게 복음을 전한 풀타임 사역자였다. 또한 예수님의 후원자들은 그 당시 사회적으로 천시를 당하던 여자들과 가난한 사람들 몇 명이 전부였다.

> 헤롯의 청지기 구사의 아내 요안나와 수산나와 다른 여러 여자가 함께 하여 자기들의 소유로 그들을 섬기더라_눅 8:3

솔직히 잘 이해가 되지 않는다. 왜냐하면 헤롯의 청지기 구사의 아내 요안나와 다른 여자 수산나를 제외하고는 이름도 나와 있지 않는 무명의 여자들이 그처럼 위대한 예수님의 사역을 후원하고 있기 때문이다. 여기서 우리는 예수님의 네 번째 사역 원리인 '헌신 사용의 원리'를 보게 된다. 예수님께서는 훌륭한 사람들의 후원을 사용하시는 것이 아닌, 작고 미약한 사람들의 헌신을 사용하셔서 위대한 역사를 이루신다. 예수님께서는 우리에게도 위대한 헌신, 엄청난 헌신을 요구하지 않으신다. 다만 우리가 가지고 있는 것을 통해서 일하시며, 우리에게 주어진 것을 온전히 드리는 겸손한 순종을 통해 역사하신다.

지금까지 살펴본 예수님의 네 가지 사역 원리는 예수님께서 이 땅에서 사역하실 때 직접 보여주신 것들이다. 그런데 이러한 사역의 원리들은 놀랍게도 예수님이 자주 사용하셨던 비유들에서 그대로 드러난다.

예수님께서 비유를 자주 사용하신 이유 중의 하나는, 먼저 하나님 나라의 비밀을 우리에게 알려 주시기 위해서다. 그래서 예수님은 "내가 하나님 나라를 무엇에 비유할꼬?"라는 말씀을 많이 하셨던 것이다. 하나님 나라의 모습과 원리는 예수님의 비유들 속에 그대로 들어 있다.

예수님께서는 비유를 통해서 '함께 함의 원리'가 얼마나 중요한지를 말씀하셨다. 예수님께서는 제자들과 함께 계실 때 그 비유의 깊은 의미를 설명해 주기도 하셨다. 그런가 하면 '잃어버린 아들'과 같은 비유에서는 신앙생활에서 가장 중요한 것이 아버지 되신 하나님과 함께 지내는 것임을 보여 주셨다. 여기서 집을 나간 아들의 가장 안타까운 실수는 그가 아버지 곁을 떠난 것이었고, 집에 있었던 맏아들의 가장 안타까운 사실은 아버지와 살면서도 아버지와 함께 함을 전혀 누리지 못하고 있었다는 것이다.

예수님께서 말씀하신 많은 비유들 속에서 우리는 예수님의 긍휼과 우리에게 요구되는 긍휼의 마음을 배우게 된다. 선한 사마리아인이 가졌던 강도 만난 사람에 대한 긍휼, 집 나간 아들이 돌아오자 그를 불쌍히 여기고 맞아주는 아버지의 긍휼, 동생이 돌아왔어도 긍휼히 여기지 않는 맏아들의 긍휼 없음에 대한 책망, 풍족한 가운데 편히 살면서도 가난한 나사로에 대해 전혀 긍휼의 마음이 없었던 부자에 대한 책망 등을 통해서 우리는 예수님의 긍휼을 배울 수 있어야 한다.

마지막으로, 예수님의 헌신 사용의 원리를 배워야 할 것이다. 오병이어 기적에서는 예수님께서 한 이름 없는 어린 아이가 가졌던, 가난한 사람들의 도시락이었던, 보리떡과 물고기를 사용하셨다. 주님께서는 우리에게 대단하고 엄청난 것을 요구하시기보다는 우리가 지금 가지고 있는 것을 드리기를 원하신다. 주님께서는 우리가 드린 것만을 사용하신다. 우리는 청지기로서 우리에게 맡겨진 것들에 대해서 어떻게 사용해야 되는 지를 비유를 통해서 보여주시고 계신 것이다.

예수님의 비유로 풀어 쓴 **천국 시크릿 01**

예수님의 사역 원리

1. 하나님 나라의 원리

예수님은 어느 곳에 가시든지 항상 하나님 나라 즉, 하나님의 통치를 선포하셨다. 왜냐하면 하나님의 통치 속에 들어가지 않는 인생은 영원한 멸망이요, 소망이 없기 때문이다. 이것이 바로 예수님의 가장 중요한 사역이었다.

2. 함께 함의 원리

예수님은 열 두 제자들과 함께 하시기를 기뻐하셨다. 본래 '제자'라는 단어의 뜻은 '스승과 함께 사는 자'이다. 이처럼 예수님은 우리에게 함께 함의 원리를 직접 보여주셨다. 그리고 이 세상 끝날까지 우리와 함께하실 것을 약속하셨다.

3. 긍휼의 원리

'긍휼'이란 영어로 compassion인데, 라틴어의 pati와 cum의 합성어다. 'pati'는 '고통', '아픔', '견딤'이라는 의미고, 'cum'은 '함께'라는 의미다. 이처럼 예수님은 고통 중에 있는 사람들과 함께 아파하고, 그들이 견디도록 도와주셨다.

4. 헌신 사용의 원리

예수님은 훌륭한 사람들의 헌신을 사용하신 것이 아니다. 작고 미약한 사람들의 헌신을 사용하셔서 위대한 역사를 이루셨다. 지금도 예수님은 우리에게 위대한 헌신, 엄청난 헌신을 요구하지 않으신다. 우리에게 주어진 것을 온전히 드리는 겸손한 순종을 원하신다.

02 씨 뿌리는 비유

4각 동네 사람들이 예수께로 나아와 큰 무리를 이루니 예수께서 비유로 말씀하시되 5씨를
뿌리는 자가 그 씨를 뿌리러 나가서 뿌릴새 더러는 길 가에 떨어지매 밟히며 공중의 새들이
먹어버렸고 6더러는 바위 위에 떨어지매 싹이 났다가 습기가 없으므로 말랐고 7더러는 가
시떨기 속에 떨어지매 가시가 함께 자라서 기운을 막았고 8더러는 좋은 땅에 떨어지매 나
서 백 배의 결실을 하였느니라 이 말씀을 하시고 외치시되 들을 귀 있는 자는 들을지어다
_눅 8:4-8(마 13:1-9, 막 4:1-9)

신약에는 32개 정도의 비유가 기록되어 있다. 그 중 누가복음에는 19개의 비유가 기록되어 있고, 19개의 비유 중 12개는 누가복음에만 나와 있는 비유다. 예수님은 마치 신문의 시사만화와 같이 짧은 이야기를 통해서 중요한 메시지를 전달하는 아주 효과적인 방법으로 비유를 사용하셨다. 예수님은 당시 주변 세계의 그림을 언어로 그리셨고, 그것을 통해 전달하고자 하는 메시지를 전하셨다. 이것은 당시 그곳에 있었던 사람들에게는 매우 익숙하고 널리 알려진 이야기들이었고, 더욱이 그 주제는 그들의 일상생활 속에서 찾은 소재이기에 친근감이 있었다.

예수님께서 사용하셨던 비유의 종류는 다음과 같다. 첫째는 실화체 비유다. 이것은 말 그대로 실생활에서 끌어낸 예화로, 씨 뿌리는 비유와 잃어버린 양, 그리고 누룩 비유가 이에 속한다. 둘째는 이야기체 비유다. 과거의 한 이야기 또는 한 사람의 경험으로 이뤄진 예화로, 한 농부 비유와 한 청지기 비유, 그리고 한 과부의 비유가 이에 속한다. 셋째는 예화체 비유다. 이 비유는 모범적인 사례를 제시하는 것으로, 선한 사마리아인 비유와 어리석은 부자의 비유가 이에 속한다. 그런데 우리가 비유를 다루기 전에 한 가지 분명하게 구분을 지어야 할 것이 있다. 그것은 바로 '비유'와 '풍유'의 차이를 아는 것이다. '풍유'는 모든 사건들이, 그리고 부분과 구성요소들이 모두 상징적이기 때문에 적절히 이해되기 위해서는 그 각각의 상징적인 의미들이 설명되어야 한다. 반면, '비유'는 삶에 있어서 실제적이고 일반적인 단 하나의 기본 진리만을 가르치는 것이 특징이다. 물론 어떤 경우에는 한 원리만을 너무 고집해서는 안 된다. 왜냐하면 비유가 그 속에서 몇 개의 부분으로 나뉘기도 하고, 때로는 복합적인 구성을 갖는 경우도 있기 때문이다.

누가복음 8:5-8에 나와 있는 예수님의 '씨 뿌리는 비유'는 1세기 중동 팔레스타인의 농경사회를 배경으로 하고 있다. 농부들은 뜨거운 햇빛 아래서 목에 메는 주머니에 씨앗을 가득 담아 놓는다. 그리고 씨앗을 한 움큼씩 손으로 꺼내어 밭에 뿌리는 것이다. 이런 농부의 모습을 실제로 지켜보면서 예수님의 말씀을 들었다고 생각해보라. 당시 예수님의 말씀을 들었던 사람들은 무척 생생하게 느껴지는 이야기였을 것이다. 오늘날 많은 설교자들은 예수님의 이 비유를 자연스럽게 '네 종류의 밭'이란 제목으로 설교를 한다. 아니, 그렇게 제목을 잡지 않더라도 네 종류의 밭에 초점을 맞추어 비유의 내용을 풀어간다. 그러나 이것은 좀더 신중하게 살펴야 할 문제다. 왜냐하면 예수님께서 이 비유의 제목을 '씨 뿌리는 비유'라고 꼭 집어 말씀하셨기 때문이다. 특히 마태복음 13:18을 보면, 예수님께서는 제자들에게 "그런즉 씨 뿌리는 비유를 들으라"고 직접적으로 비유의 제목을 말씀하셨다. 그렇다면 제목을 어떻게 잡느냐가 왜 그렇게 중요할까? 그 이유는 제목에 따라서 그 내용이 크게 바뀔 수 있기 때문이다. 만약 제목이 '씨 뿌리는 비유'라면 하나님의 말씀은 어디에도 떨어질 수 있다는 것을 보여주는 말씀이 될 것이고, '밭의 비유'라면 우리는 여러 종류의 밭 중에서 꼭 옥토가 되어야 한다는 말씀이 되기 때문이다. 그러나 이 비유는 '씨 뿌리는 비유'로 주어진 말씀으로, 교회 안에 있는 신자들은 물론 외인들까지도 그 대상으로 삼고 있다.

그렇다면 이 비유가 주는 교훈에 대해 살펴보도록 하자.

첫째, 하나님의 말씀은 어디에나 떨어질 수 있다

농부가 보리나 밀의 씨앗을 한 움큼 손에 집어 들고 걸어가면서 쭉쭉 흩어서 뿌리다 보면, 씨앗은 자연스럽게 길 가와 바위 위, 가시떨기 속, 그리고 좋은 땅에 떨어지게 된다. 이처럼 하나님의 말씀은 어디에도 떨어질 수 있다. 하지만 그 말씀을 받는 사람들의 마음 밭은 각기 다르며, 그 밭의 상태에 따라 그 결과도 달라진다.

먼저 예수님께서 말씀하신 '길 가'란, 밭과 밭 사이에 난 작은 통행로를 가리킨다. 이곳은 사람들이 지나다니는 길로, 어떤 곳은 하도 많이 다녀서 단단하게 굳어 있다. 이는 많은 사상과 철학으로 인해 이미 단단하게 다져진 마음을 보여준다. 말씀을 전혀 듣지 않으려는 사람들 또는 말씀에 무관심한 사람들의 마음을 비유로 말씀하신 것이다.

또한 예수님은 '바위 위'란 표현을 사용하셨다. 보통 밭 주변에는 돌이 미처 제거되지 못해 약간의 흙과 함께 섞여 있는 것을 볼 수 있다. 예수님께서는 이 표현을 통해 반짝 신앙과 일시적인 신앙을 가진 사람들을 비유로 말씀하셨다. 이들은 고난을 만나면 즉시 떠나버리는 특징을 가진다.

다음으로 '가시떨기 속'이란, 토양은 좋으나 가시나무 뿌리가 땅 밑에 그대로 남아 있는 것을 가리킨다. 이러한 밭은 겉보기에는 전혀 문제가 없다. 하지만 시간이 지날수록 가시나무 뿌리에서는 새로운 가시가 나고, 이로 인해 햇빛이 차단되며, 땅의 양분을 빼앗아가서 곡식이 자라지 못하게 만든다. 이는 세상의 염려와 재물의 유혹에 숨이 막혀 열매를 맺지 못하는 사람들의 마음을 비유로 말씀하신 것이다.

예수님께서 마지막으로 말씀하신 '좋은 땅'이란, '테라 로사Terra Rossa'를 말하는데, 이것은 석회암이 부서져 만들어진 비옥한 땅을 말한다. 테라 로사는 수분을 잘 흡수하고 오래 보존하기 때문에 작물에게 아주 좋은 땅이다. 이러한 마음을 가진 사람들은 하나님의 말씀을 잘 듣고, 그대로 지켜서 풍성한 열매를 맺게 된다.

분명한 것은, 땅의 종류와 관계없이 하나님의 말씀은 어디에나 떨어져야 한다는 것이다.

둘째, 하나님의 말씀은 거부될 수도 있다

'길 가'와 같은 마음은 하나님의 말씀을 받지 않고 그저 듣기만 한다. 그래서 결국 사탄이 와서 그 말씀을 먹어치운다. 하나님의 말씀은 천지를 지으신 능력의 말씀으로, 사탄을 이기는 유일하고 강력한 무기다. 그러나 사탄이 먹어치운다니, 이해가 가질 않는다. 하지만 그 이유는 분명하다. 하나님의 말씀은 지금 심판이 아닌 설득을 위해 우리에게 주어졌기 때문이다. 하나님의 말씀이 능력이 없어서가 아니라 지금은 하나님께서 참으시는 기간이기 때문이다. 만약 하나님의 말씀이 지금 당장 능력으로, 심판으로 우리에게 온다면 우리가 그 말씀을 거부하는 순간 모두 죽게 될 것이다.

'바위 위'와 같은 마음을 가진 사람들은 처음에는 하나님의 말씀을 열심히 받아들인다. 하지만 이내 버릴 수 있다. 한마디로 처음엔 믿는 것 같다가 이내 버린다. 또한 '가시떨기 속'과 같은 마음은 인간적인 욕심에 의해서 하나님의 말씀이 배척받을 수 있음을 보여 준다. 이것은 인간의 욕심에 의해 하나님의 말씀이 좌절될 수도 있다는 것이다.

여기서 분명한 사실은, 하나님께서는 우리의 구원을 위해 그의 능력을 유보하고 계신다는 것이다. 이것이 바로 하나님의 사랑이다. 이러한 하나님의 지고지순한 사랑은 독생자 아들 예수 그리스도의 성육신에서부터 지금까지 계속되고 있다. 또한 그의 오래 참으심으로 인해 아직도 불의가 가득한 이 세상을 그대로 지켜보시며, 우리가 하나님께로 돌아오기만을 간절히 기다리고 계신다.

셋째, 하나님의 말씀은 전하는 자가 필요하다

하나님의 말씀이 전해지는데 왜 전하는 자가 꼭 필요할까? 하나님을 알 만한 것들이 자연에 나타나 있지 않은가? 또한 로마서 1:19에서 "이는 하나님을 알 만한 것이 그들 속에 보임이라 하나님께서 이를 그들에게 보이셨느니라"고 전하고 있지 않은가? 또한 하나님께서는 왜 천사들을 통해서 복음을 전하지 않으실까?

> 이것은 하늘로부터 보내신 성령을 힘입어 복음을 전하는 자들로 이제 너희에게 알린 것이요 천사들도 살펴 보기를 원하는 것이니라_벧전 1:12

이처럼 복음의 비밀은 천사들도 흠모하는 일이다. 그러나 천사들에게는 복음을 전할 수 있는 특권이 주어지지 않았다.

> 아름답도다 좋은 소식을 전하는 자들의 발이여 함과 같으니라_롬 10:15
>
> 그러므로 믿음은 들음에서 나며 들음은 그리스도의 말씀으로 말미암았느니라_롬 10:17

하나님께서 계획하신 구원의 방법은 사람을 통해서 구원의 기쁜 소식인 복음을 전하는 것이다. 잠깐 여기서 우리는 복음의 내용에 대한 한 가지 오해를 해결하자. 어떤 사람들은 구원의 원리만 복음이라고 생각하는 경향이 있다. 좀 더 구체적으로 말하면 오직 '사영리'나 '브릿쥐다리'나 '전도폭발' 등과 같은 것이 복음의 전체라고 생각하는 것이다. 그러나 그러한 것들은 복음의 일부 내지는 요약일 뿐이라는 것이다. 복음은 성경 전체를 말하며 우리의 삶 전체와 관련되어 있는 것이다.

넷째, 하나님의 말씀에 대한 순종만이 열매를 맺을 수 있다

'길 가'는 한마디로 굳어진 마음, 듣지 않으려는 마음, 순종하지 않으려는 마음을 뜻한다. 그러나 이렇게 굳어진 마음은 흔히 죄악에 의해 주어진다. 왜냐하면 죄가 우리의 마음을 강퍅하게 만들기 때문이다. 우리가 하나님의 말씀을 받아들이지 않으면, 사탄은 기다렸다는 듯이 하나님의 말씀을 먹어치운다. 왜냐하면 우리가 하나님의 말씀을 믿어 구원얻는 것이 싫기 때문이다.

> 그들이 믿어 구원을 얻지 못하게 하려고 말씀을 그 마음에서 빼앗는 것이요_눅 8:12

「천로역정」을 쓴 존 번연은 어느 날, 사탄이 말씀의 씨앗을 빼앗아 간다는 사실에 정신 번쩍 들었다. 그 후로 그는 설교를 듣는 자세가 눈에 띄게 달라졌다. 결국 그는 이 말씀을 통해 믿음에 도달하게 되었다.

'바위 위'는 현실적으로 말씀을 따르는 것이 얼마나 어려우며, 얼마나 큰 희생을 요구하는 것인가를 깨닫게 되면서부터 서서히 말씀에 등을 돌리기 시작하는 것이다. 이런 사람들은 말씀을 받아들이기는 하지만, 단지 일시적으로만 그것을 받는다는 사실이 강조되고 있다.

> 그 속에 뿌리가 없어 잠깐 견디다가 말씀으로 인하여 환난이나 박해가 일어나는 때에는 곧 넘어지는 자요_막 4:17
> 말씀을 들을 때에 기쁨으로 받으나 뿌리가 없어 잠깐 믿다가 시련을 당할 때에 배반하는 자요_눅 8:13

특히 누가는 "시련을 당할 때에"눅 8:13라는 구절을 삽입함으로, 이러한 믿음은 어려운 일을 당하게 되면 마치 습기가 부족하여 결국 말라버리게 되는 식물과 같이 된다는 것을 구체적으로 보여준다.

결국 '길 가'의 적이 사탄이라면, '바위 위'의 적은 바로 자신의 육신이라고 볼 수 있다. 그렇다면 우리는 우리가 말씀을 받아들이는 동기를 살펴보아야 할 것이다. 우리는 그 말씀이 진리이기 때문에 받아들이는가? 아니면, 나 자신에게 축복이 되기 때문인가? 만약 나 자신에게 축복이 되기 때문이라면 그 사람은 바로 일시적인 신앙의 소유자라고 볼 수 있다. 이러한 신앙은 반짝 신앙, 또는 기분파 신앙이라고 볼 수 있는데, 어려움이 찾아올 때 그 참과 거짓이 드러나게 된다. 요즘 "참 신앙인은 실직해봐야 안다"는 말이 있다. 이는 한마디로 질병과 실패, 역경과 무서운 유혹을 당한 다음에야 비로소 그 사람의 신앙의 진위를 알 수 있다는 것이다.

기독교의 가장 무서운 적은 공산주의도 아니고, 무슬림도 아니다. 바로 '실용주의'다. 현대인은 진리에 대한 관심보다는 유익과 무익에 더 민감하다. 효율성에 더 큰 관심을 가지고 있다. 이러한 인간의 합리주의적 생각에서 바로 '종교다원주의More than one way'가 나왔다. 그동안 소수 부족들이 선교의 대상에서 제외되어 온 것도 사실은 실용주의적 선교관에서 비롯된 것이다. '가시떨기 속'에 떨어진 씨앗을 생각해 볼 때 가시 즉, 세상의 염려와 재물의 유혹은 무서운 적이다. 그러한 것은 이 세상 신이라고 볼 수 있는 재물에 대한 숭배와 관련된 것이고, 그것이 하나님을 대신할 수 있는 것이다. 성경은 우리가 두 주인을 섬길 수 없다고 말씀한다.

> 한 사람이 두 주인을 섬기지 못할 것이니 혹 이를 미워하고 저를 사랑하거나 혹 이를 중히 여기고 저를 경히 여김이라 너희가 하나님과 재물을 겸하여 섬기지 못하느니라_마 6:24
>
> 15이 세상이나 세상에 있는 것들을 사랑하지 말라 누구든지 세상을 사랑하면 아버지
> 의 사랑이 그 안에 있지 아니하니 16이는 세상에 있는 모든 것이 육신의 정욕과 안목
> 의 정욕과 이생의 자랑이니 다 아버지께로부터 온 것이 아니요 세상으로부터 온 것이
> 라 17이 세상도, 그 정욕도 지나가되 오직 하나님의 뜻을 행하는 자는 영원히 거하느
> 니라_요일 2:15-17

에콰도르 정글에서 복음을 전하다가 젊은 나이에 생명을 바친 짐 엘리엇은 이렇게 말했다. "어차피 붙들고 있을 수 없는 것들을 붙들려고 몸부림치는 것보다 더 어리석은 사람이 어디 있는가! 그러나 정말 놓치지 말아야 할 것을 붙들기 위해 삶을 버리는 것은 결코 낭비가 아니다. 정녕 모든

것을 얻는 것이다." 그렇다! 결국 우리는 하나님과 재물을 함께 섬길 수는 없다. 놓치지 말아야 할 것과 놓아야 하는 것이 무엇인지를 분명하게 알아야 한다. 세상의 염려와 재물의 유혹에 붙들리면 말씀의 열매는 기대할 수 없게 되는 것이다. 그렇다면 우리는 어떻게 말씀의 열매를 맺을 수 있는 것인가?

> 좋은 땅에 있다는 것은 착하고 좋은 마음으로 말씀을 듣고 지키어 인내로 결실하는 자니라_눅 8:15

말씀이 열매를 맺기 위해서는 첫째, 착하고 좋은 마음으로 말씀을 들어야 한다. 데살로니가 교회의 빠른 성장은 말씀을 사람의 말이 아닌 하나님의 말씀으로 온전히 받았기 때문이다. 또한 말씀을 듣고 그런가하여 열심히 탐구했던 베뢰아 사람들도 있었다.

> 이러므로 우리가 하나님께 끊임없이 감사함은 너희가 우리에게 들은 바 하나님의 말씀을 받을 때에 사람의 말로 받지 아니하고 하나님의 말씀으로 받음이니 진실로 그러하도다 이 말씀이 또한 너희 믿는 자 가운데에서 역사하느니라_살전 2:13
> 베뢰아에 있는 사람들은 데살로니가에 있는 사람들보다 더 너그러워서 간절한 마음으로 말씀을 받고 이것이 그러한가 하여 날마다 성경을 상고하므로_행 17:11

둘째, 듣고 깨달은 말씀을 반드시 지켜야 한다. 여기서 누가는 '지킨다'고 말했고, 마가는 '받는다'고 말했으며, 마태는 '깨닫는다'고 표현했다. 우리가 말씀을 듣고 공부하는 이유는, 바로 들은 것을 지키고 깨달은 말씀에 순종하기 위해서다. 우리가 말씀을 듣고 지키지 않고, 깨달은 말씀에 순종하지 않는다면, 말씀을 듣고 공부하는 이유를 다시 살펴보아야 할 것이다.

셋째, 인내를 가지고 실행해야 한다. 팔레스타인 사람들은 대개 9-10월경에 쟁기질을 하고, 11월에 씨를 뿌리며, 그 이듬해에 거둔다. 그래서 보리는 4월경, 밀은 5-6월경에 거두게 되어 있다. 거두는 것에 대해 마가는 30배, 60배, 100배를 말했고, 마태는 100배, 60배, 30배라고 표현했으며, 누가는 100배만을 언급했다. 팔레스타인의 평균 수확은 보통 10배 정도였다고 알려져 있다. 그러므로 100배는 상식을 뛰어넘는 엄청난 수확인 것이다. 그런데 누가는 열매를 맺기 위해서는 '인내'가 필요함을 지적하고 있고, 야고보는 열매를 바라며 '길이 참을 것'을 권고한다.

> 착하고 좋은 마음으로 말씀을 듣고 지키어 인내로 결실하는 자니라_눅 8:15
>
> 그러므로 형제들아 주께서 강림하시기까지 길이 참으라 보라 농부가 땅에서 나는 귀한 열매를 바라고 길이 참아 이른 비와 늦은 비를 기다리나니_약 5:7

9월 말이나 10월 초에 '이른 비'라 하는 가을 비가 내리고, '늦은 비'라 하는 봄비는 4월경에 내린다신 11:14, 요엘 2:23. 그래서 유대력은 9월, 10월을 새해의 시작으로 본다.

유대 고대 문헌선조들의 어록: Sayings of Fathers, Pirke Avot에는 랍비들이 말한 하나님의 말씀을 배우는 네 종류의 제자들이 나온다. 이는 하나님의 말씀을 듣고 어떤 태도를 갖느냐가 중요한 것임을 보여준다. "천천히 배우고 금방 잊어버리는 사람이 되지 말아야 한다. 또한 천천히 배우고 천천히 잊어버려서도 안 된다. 빨리 배우고 빨리 잊어버리는 것도 아니다. 빨리 배우고 천천히 잊어버리는 사람이 돼라." 유대의 랍비들은 말씀을 들었을 때에 그것을 빨리 배우고 잘 잊어버리지 않고 그것을 마음속에 지키어 오래 간직하는 사람을 훌륭한 제자라고 보았다. 우리도 명심해야 할 것이다. 말씀을 듣고 우리가 그 말씀에 대해 어떤 태도를 가져야 할지는 우리의 선택에 달려 있는 것이다.

씨 뿌리는 비유

1. 하나님의 말씀은 어디에나 떨어질 수 있다

하나님의 말씀을 받는 사람들의 마음 밭은 각기 다르며, 밭의 상태에 따라 결과도 달라진다. 그러나 밭의 상태와 관계없이 하나님의 말씀은 어디에나 떨어질 수 있고, 또한 떨어져야 한다.

2. 하나님의 말씀은 거부될 수도 있다

하나님의 말씀은 지금, 심판이 아닌 설득을 위해 우리에게 주어졌다. 우리의 구원을 위해 그의 능력을 유보하고 계신 것이다. 때문에 하나님은 불의가 가득한 세상을 그대로 지켜보시며, 우리가 하나님께 돌아오기만을 간절히 기다리신다.

3. 하나님의 말씀은 전하는 자가 필요하다

복음의 비밀은 천사들도 흠모하는 일이다. 그러나 천사들에게는 복음을 전할 수 있는 특권이 주어지지 않았다. 하나님이 계획하신 구원의 방법은 사람을 통해서 구원의 기쁜 소식인 복음을 전하는 것이다.

4. 하나님의 말씀에 대한 순종만이 열매를 맺을 수 있다

말씀이 열매를 맺기 위해서는, 먼저 착하고 좋은 마음으로 하나님의 말씀을 들어야 한다. 그리고 듣고 깨달은 말씀을 반드시 지키며, 인내를 가지고 실행해 나가야 한다. 오직 순종만이 말씀의 열매를 맺게 한다.

03 선한 사마리아인의 비유

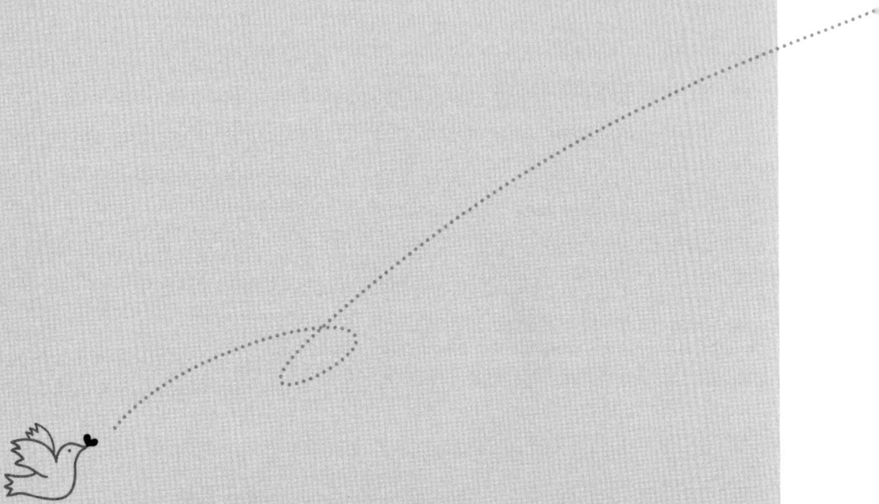

25어떤 율법교사가 일어나 예수를 시험하여 이르되 선생님 내가 무엇을 하여야 영생을 얻
으리이까 26예수께서 이르시되 율법에 무엇이라 기록되었으며 네가 어떻게 읽느냐 27대답
하여 이르되 네 마음을 다하며 목숨을 다하며 힘을 다하며 뜻을 다하여 주 너의 하나님을
사랑하고 또한 네 이웃을 네 자신 같이 사랑하라 하였나이다 28예수께서 이르시되 네 대답
이 옳도다 이를 행하라 그러면 살리라 하시니 29그 사람이 자기를 옳게 보이려고 예수께 여
짜오되 그러면 내 이웃이 누구니이까 30예수께서 대답하여 이르시되 어떤 사람이 예루살렘
에서 여리고로 내려가다가 강도를 만나매 강도들이 그 옷을 벗기고 때려 거의 죽은 것을 버
리고 갔더라 31마침 한 제사장이 그 길로 내려가다가 그를 보고 피하여 지나가고 32또 이와
같이 한 레위인도 그 곳에 이르러 그를 보고 피하여 지나가되 33어떤 사마리아 사람은 여행
하는 중 거기 이르러 그를 보고 불쌍히 여겨 34가까이 가서 기름과 포도주를 그 상처에 붓
고 싸매고 자기 짐승에 태워 주막으로 데리고 가서 돌보아 주니라 35그 이튿날 그가 주막
주인에게 데나리온 둘을 내어 주며 이르되 이 사람을 돌보아 주라 비용이 더 들면 내가 돌
아올 때에 갚으리라 하였으니 36네 생각에는 이 세 사람 중에 누가 강도 만난 자의 이웃이
되겠느냐 37이르되 자비를 베푼 자니이다 예수께서 이르시되 가서 너도 이와 같이 하라 하
시니라_눅 10:25-37

선한 사마리아인의 비유는 수많은 사람들에게 감동을 주고, 위대한 영향력을 준 비유다. 이로 인해 많은 병원들이 세워졌고, 자선 사업이 생겨났다. 그러나 이 비유가 이제는 우리에게 더 이상의 감동과 도전을 주고 있지 않다. 그 이유는 무엇일까? 우리의 영적 불감증 때문이다. 선한 사마리아인은 바로 영적 불감증을 앓고 있는 우리에게, 그리고 아무런 감동도 받지 못하는 신자들에게 무엇이 가장 중요하며, 무엇이 회복되어야 하는지를 말해 주는 중요한 말씀이다.

우리는 뜻하지 않은 사람의 도움을 받았을 때 하나님께서 선한 사마리아인을 보내 주셨다고 말한다. 우리나라에도 여러 기독교 자선 단체가 이 이름을 쓰고 있으며, 미국의 한 자살 예방 서비스도 '선한 사마리아인'이라는 이름을 사용하고 있다. 그러나 우리가 선한 사마리아인을 다른 사람에게 도움의 손길을 내미는 사람으로만 생각해 버린다면, 우리는 이 비유를 크게 오해하고 있는 것이다. 이 비유가 주어지게 된 일반적인 정황을 먼저 알아보자.

어떤 율법교사가 예수님께 질문했다.

선생님 내가 무엇을 하여야 영생을 얻으리이까_눅 10:25

그는 예수님을 '선생님'이라고 부름으로 예수님을 율법에 있어 어느 정도 권위를 가진 분으로 인정하고 있다. 그러나 그는 여전히 예수님을 사람의 영역에 제한하고 있다. 요즘 영원한 것과 영적인 것에 전혀 관심이 없는 현대인들의 특징에 비한다면, 그 율법교사의 질문은 칭찬받을 만하다. 그러나 그는 진실로 영생을 얻기 위해 질문한 것이 아니었다. 율법교사는 예수님을 시험하려고 그런 질문을 한 것이다25절.

율법교사는 사람이 '행함으로 영생을 얻을 수 있다는 구원관'을 가지고 있었다. 인도네시아 끄웨르바의 사람들도 율법교사처럼 선한 일을 많이 행하면 구원을 얻을 수 있다고 믿었다. 믿음으로 구원을 얻는다는 복음을 전하면 그 앞에서는 이해하고 믿는 것처럼 행동하지만, 어느 정도 시간이 지난 다음에 다시 물으면 그들은 여전히 행위에 의한 구원관으로 돌아가 있었다.

율법으로 구원을 얻을 수 있다고 믿고 질문하는 율법교사에게 예수님께서는 율법에 어떻게 기록되어 있느냐고 물으셨다. 율법교사는 자신이 믿고 있는 율법에 의한 구원을 예수님께 설명했다. 신명기 6:5을 통해 하나님을 전적으로 사랑해야 할 것과, 레위기 19:18을 통해 이웃을 네 자신과 같이 사랑해야 함을 말했다. 예수님께서는 그의 대답이 옳다고 하셨고, 이것을 행하면 살 수 있다고 말씀하셨다. 하지만 예수님의 말씀은 율법교사가 율법을 지키면 구원을 얻을 것이라는 표현도 아니었고, 또한 그가 완전하게 율법을 지킬 수 있을 것이라고 믿기 때문에 하신 말씀도 아니었다. 마치 부자 청년에게 한 가지 부족한 것을 지적하여 자신의 힘으로는, 율법 준수로는 구원을 얻을 수 없음을 깨닫게 하시려는 의도였다. 이에 율법교사는 예수님께 자신을 옳게 보이고 싶어서 다시 질문했다. “그러면 내 이웃이 누구입니까?” 그러자 주님께서는 그의 질문에 직접적인 대답을 하시기보다, 선한 사마리아인 비유를 들려 주셨다.

선한 사마리아인의 비유에는 여러 종류의 사람들이 등장한다. 강도, 강도 만난 자, 제사장, 레위인, 사마리아인, 주막 주인이 바로 그 사람들이다. 이 비유의 제목을 ‘강도 만난 자’, 혹은 ‘주막 주인’의 비유로 혼동하지 마라. 이 비유의 진짜 제목은 ‘사마리아인의 비유’다. 왜냐하면 내용의 2/3가 사마리아인에 관한 것과, 그의 예외적인 행동에 대해서 아주 자세히 설명하고 있기 때문이다. 그렇다면 이 비유가 기록된 이유와 교훈은 무엇인지 살펴보자.

첫째, 유대인의 배타적이고 민족주의적인 이웃관을 고발하고 성경적인 이웃관을 알려주기 위해서다

이 비유는 율법교사의 “내 이웃이 누구니이까”눅 10:29라는 질문과 직접 관련되어 있다. 그러므로 예수님이 말씀하신 비유를 이해하는 데 있어서 율법교사의 질문 의도를 유심히 살펴야 한다.

자기를 옳게 보이려고_눅 10:29

율법교사는 이웃에 대한 자신의 생각이 얼마나 옳은 것이며, 예수님의 생각이 얼마나 잘못된 것인지를 보이고 싶었던 것이다. 율법교사는 율법과 율법을 해석한 랍비들의 생각에 토대를 둔 유대적 이웃관을 가지고 있었기 때문에 그것으로 예수님의 잘못을 지적하려 했다.

당시 유대 랍비들의 율법 해석에 따른 이웃관은 매우 제한적이었다. 자신을 중심원으로 하여 바로 밖의 원에는 가족이 있고, 그것의 밖에는 친구들과 친척들을 두었다. 그리고 바로 다음에는 신앙과 혈통이 같은 유대 동족이 들어가고, 제일 마지막 원에는 유대인은 아니지만, 유대교로 개종한 이방인들을 넣었다. 그리고 그러한 이웃 카테고리에 들어가지 않는 사람들과는 교제나 식사도 하지 않았고, 대화까지도 기피했다. 한마디로 유대인은 자기 중심의 이웃관을 가지고 있었다. 그러나 자기 중심적인 사람은 신앙에 있어서 결코 성숙했다고 볼 수 없다.

영 · 유아들의 가장 큰 특징 중 하나는 '자기 중심성'이다. 아이들은 모든 사물이나 사건을 자신의 입장에서만 이해하고 받아들이며, 다른 사람들의 입장을 이해하지 못한다. 숨바꼭질 놀이를 할 때 몸의 다른 부분을 모두 드러내 놓고 커튼이나 이불 속에 머리만 감춘 채 자신은 꼭꼭 숨어 있다고 생각하는 것도 자기 자신이 볼 수 없으면 상대방도 자신을 볼 수 없다고 생각하기 때문이다. 당시 유대인들의 모습이 이와 같았다.

그런데 예수님의 3년의 공생애를 돌아보면 그의 이웃관은 유대인들의 이웃관과는 전혀 다른 것이었다. 예수님은 당시 유대인들에 의해 죄인이라 여기는 자들과 교제하셨고, 식사도 하셨다. 그래서 유대인들은 "세리와 죄인의 친구"눅 7:34라며 예수님을 비난했던 것이다. 바로 이것 때문에 율법교사는 "내 이웃이 누구니이까"눅 10:29라는 질문으로 예수님의 이웃관에 대해 도전한 것이다.

만약 예수님께서 유대인의 이웃관에 따라 대답하시면, 율법교사는 예수님의 반율법적인 행동을 폭로했을 것이다. 또한 예수님이 이웃을 죄인들과 이방인들에게까지 확대시키는 대답을 하시면, 율법교사는 유대인들이 신봉하고 있는 율법과 대치된다고 반박했을 것이다. 그러나 예수님은 직접적인 대답 대신 사마리아인의 비유를 말씀하셨다.

율법교사의 질문과 예수님의 대답 사이에는 날카로운 대조가 이뤄지고 있다. 율법교사의 "내 이웃이 누구니이까"눅 10:29라는 질문은 바로 '내'가 중심이다. 그러나 예수님은 비유를 통해 '강도 만난 자'의 이웃에 대해 물으심으로 '도움이 필요한 사람을 중심'으로 말씀하셨다. 율법교사는 이웃을 자신과 어떤 관계가 있는 사람으로, 그리고 고정된 개념으로 말했다. 하지만 예수님께서는 고정된 것이 아닌 도움이 필요한 사람이라면 누구든지 이웃인 것을 말씀해 주셨다. 율법교사는 이웃이 누구인지 이론적인 것에만 관심이 있었다. 하지만 예수님은 이웃 자체보다 이웃임을 어떻게 보여 주어야 하는지에 대해 관심을 가지셨다. 유대인들은 이웃은 내가 결정하는 어떤 특별한 사람이라고 생각했지만, 예수님이 생각하시는 이웃은 우리의 도움이 필요한 모든 사람이 우리의 이웃이라고 말씀하셨다.

예수님께서 말씀하시는 우리의 이웃은 결코 매력적이지가 않다. 피로 범벅이 되고, 벌거벗겨지고, 거의 다 죽게 된, 한마디로 우리의 도움을 절실히 필요로 하는 사람이 우리의 이웃인 것이다. 뜨거운 사막 기후에서 낮 동안에는 뜨거운 햇볕과 출혈로 그냥 놔두면 탈진하여 죽을 수밖에 없고, 밤까지 견딘다 하더라도 옷도 빼앗긴 데다가 심한 일교차로 그대로 죽을 수밖에 없는, 다른 사람의 도움이 절실한 그런 사람이 바로 우리의 이웃인 것이다. 지금 우리의 이웃은 바로 우리의 도움을 필요로 하는, 고통 중에 있는, 아직도 복음을 듣지 못한 사람들인 것이다.

둘째, 우리는 우리의 이웃에 대한 범주를 어떤 것으로도 제한해서는 안 된다

선한 사마리아인이 가졌던 중요한 마음은 바로 "그를 보고 불쌍히 여겨" 눅 10:33라는 대목에 잘 나타나 있다. '불쌍히 여겼다'는 단어는 누가복음에 총 3회만 나온다. 그리고 이 단어는 강렬한 마음의 표현이라는 사실에 주목할 필요가 있다. 누가복음 7:13에서는 외아들이 죽은 나인성 과부를 만난 예수님께서 그 여인을 "불쌍히 여기사"로 기록되어 있으며, 누가복음 15:20에서는 아버지가 집을 나갔다가 돌아오는 둘째 아들을 보고 "측은히 여겨 달려가 목을 안고 입을 맞추니"라고 되어 있다. 또한 마가복음에서 이 단어는 예수님께서 이적을 베푸신 동기와 관련되어 나타난다. 마가복음 1:41에서는 문둥병자를 향하여, 6:34과 8:2에서는 유리하는 무리를 향하여, 9:22에서는 예수님께 자비를 요청한 어느 아버지를 향하여 '불쌍히 여기셨다'는 표현이 사용되었다. 그래서 학자들은 이 단어에 '예수님의 메시야적 용어'라는 별명을 붙이기도 했다. 헨리 나우엔은 자신의 책 「긍휼」에서 현대는 긍휼을 잃어버린 시대라고 정의하였다. 예수님은 자신의 도움이 필요한 사람을 보면 온몸이 흔들리며 예수님의 삶 전체가 반응했다.

우리가 도움을 필요로 하는 사람을 만나고, 보고, 들어도 우리의 마음에 아무런 반응이 없다면, 우리는 심각한 영적 불감증에 걸린 것이다. 예수님은 이러한 상황에서 항상 마음이 움직이셨고, 삶 전체로 반응을 보이셨다. 오늘날 우리에게 가장 절실히 필요한 기도 제목이 있다면, "하나님! 우리에게 긍휼의 마음을 회복시켜 주옵소서"가 되어야 할 것이다.

이 세상 어느 곳이나 우리의 도움을 필요로 하는 사람들이 널려 있다. 우리는 도움의 대상을 우리와 직접적인 관계가 없는 사람들은 제외하기 마련이다. 그러나 우리와 아무런 관계가 없는 사람들마저도, 사마리아인들에게 원수로 생각되었던 유대인들마저도, 아직도 자신의 마음의 언어로 복음을 듣지 못하고 있는 20억의 사람들도, 말은 있지만 글자가 없어 복음을 듣지 못해 죽어 가는 4억 4천만 명의 사람들도 바로 우리의 긍휼의 대상 안에 들어와 있어야 한다. 긍휼의 마음은 단순히 한 번의 구제 행동으로 끝나지 않는다. 선한 사마리아인은 자신도 당할지 모르는 위험부담을 안고 그 사람을 도왔으며, 자기 여행을 위해서 준비한 기름과 포도주를 사용했다. 또한 그 사람을 상전처럼 자기 나귀에 태워 주막으로 옮겼고, 여관에서 그 사람을 위해 밤을 새워 병간호를 했다. 이뿐만이 아니다. 선한 사마리아인은 당시 24일간의 숙박비에 해당하는 두 데나리온의 돈을 냈으며, 주막 주인이 잘 돌봐 줄 수 있도록 돌아올 때 부비를 약속하면서 완전한 치료와 끝까지 책임을 지는 선행을 보였다. 손해보지 않고, 위험부담 없이, 정성을 다하지 않고, 끝까지 책임지는 행동없이 온전한 선행은 불가능하다.

셋째, 우리의 도움이 필요한 사람들에 대해 '불쌍히 여기는 마음'을 가져야 한다

선한 사마리아인의 비유는 우리의 도움이 필요한 모든 사람이 우리의 이웃이라는 사실만을 말해주는 것은 아니다. 만약 그랬다면 도움을 주었던 선한 사람을 굳이 사마리아인으로 등장시킬 필요가 없었을 것이다. 평범한 유대인이었어도 같은 메시지를 전할 수 있다. 그러나 예수님께서는 의도적으로 사마리아인을 등장시키셨다. 여기서 우리는 먼저 유대인과 사마리아인 사이의 적대적 관계를 이해할 필요가 있다.

북왕국 이스라엘이 주전 721년에 앗수르에 의해 멸망했다. 앗수르의 사르곤 2세는 효과적인 통치를 위해 유대인들에게 혼혈정책을 펼쳤고왕하 17:24-41, 그때부터 유대인들 사이에는 순수하게 혈통을 지키지 못한 사람들이 생겨났다. 혈통을 지킨 유대인들은 순수성을 지키지 못한 사람들을 사마리아인이라 부르며 배척했다. 포로기가 끝나고 성벽 재건 때 사마리아인도 참여하기를 원했으나 유대인의 완강한 거부로 참석할 수 없게 되자 사마리아인은 성벽 재건을 방해했다느 4장. 사마리아인들은 예배 문제를 해결하기 위해 그리심 산에 성전을 세워 자기들끼리만 예배를 드렸다. 때문에 사마리아 여인은 예수님께 "어느 산에서 예배를 드려야 되냐"라는 질문을 하게 된 것이다요 4:19-26. 성전 건축으로 인해 유대인과 사마리아인들 사이에서는 반목의 골이 더욱 깊어졌다. 이후 유대의 하스모니안 왕조의 힐카누스는 사마리아인의 성전을 파괴하게 되고, 사마리아인은 유대인을 향해 더 큰 적개심을 갖게 되었다. 얼마 후 사마리아인은 그리심 산 중턱에 다시 성전을 세우게 되고, 헤롯은 두 민족 간의 갈등을 해소시키고자 사마리아 여인과 결혼도 하지만 별 효과를 내지 못한다.

주후 6-9년, 유대인의 게마라는 마을에서 사마리아인은 유월절을 지키려고 여행하는 유대인 몇 명을 살해하게 되고, 이에 유대인은 그에 대한 보복으로 사마리아 지역을 습격하여 많은 사람들을 살해하였다. 이에 사마리아인은 다시 유대인의 성전 주위에 몰래 잠입하여 죽은 사람 뼛가루를 뿌려 성전의 거룩함을 더럽혔고, 이 일로 그 해 유월절 제사가 중단되는 사태가 벌어졌다. 결국 예수님 당시에는 그들 서로의 적개심과 증오심이 극에 달했으며, 거래와 상종, 상대편 마을에 머물고 물건을 교환하거나 함께 건물을 사용하고 식사하는 모든 종류의 교류가 금지되었다.

유대인과 사마리아인의 갈등을 배경으로, 우리는 이 비유를 다시 볼 필요가 있다. 한 사람이 강도를 만나 죽어가고 있다. 그런데 마침 종교 · 사회적 지도자이며 하나님을 섬긴다는 제사장이 그 길을 지나갔다. 여기서 청중들은 그 제사장이 죽어가는 사람에게 도움의 손길을 줄 것으로 기대했을 것이다. 그러나 그는 실망스럽게도 도움이 절실히 필요한 사람을 피해 가버렸다. 그 다음에는 당시 식자이며 역시 성전에서 하나님을 섬기는 레위인이 그 길을 지나갔다. 청중들은 또다시 레위인은 분명 죽어가는 사람에게 도움의 손길을 내밀 것이라고 기대했을 것이다. 그러나 이번에도 레위인은 실망스럽게 그냥 지나가버렸다.

예수님의 이야기는 리듬을 타고 있었다. 청중들의 호기심과 흥분을 자아냈음이 분명하다. 보통 사람들은 지도층의 외면을 보고 그들에 대한 실망과 분노가 끓어올랐을 것이다. 반면 지도층은 자신들의 부끄러운 외식에 대한 고발을 듣고 예수님을 향한 미움이 가득했을 것이다. 또한 서민 대다수는 다른 영웅이 등장하길 간절히 기대했을지도 모른다. 제사장도, 레위인도 아니라면 평신도 유대인, 평범한 유대인이 등장할 차례라고 생각했을 것이다. 그런데 그들이 율법에 따라 원수로 간주하고 예배 때마다 저주의 대상이었던, 개나 돼지로 취급해왔던 사마리아인이 주인공으로 등장한 것이다. 그들이 받았을 엄청난 놀라움과 충격을 가늠할 수 있겠는가?

그렇다면 예수님은 왜 이러한 충격적인 인물을 등장시키셨을까? 만약 예수님께서 강도 만난 사람을 사마리아인으로, 어려운 이를 도와 준 사람을 유대인으로 설정하셨다면 오히려 역효과를 냈을 것이다. 왜냐하면 유대인들은 강도 만난 사람을 도와 준 유대인을 반역자로 간주했을 것이기 때문이다. 그렇다고 도움을 준 사람이 평범한 유대인이었다면, 반성직자의 경향과 두 계급간의 갈등을 고조시키는 효과를 내게 되었을 것이다. 그러나 예수님께서는 이례적으로 사마리아인을 등장시키셨고, 이것은 예상되는 어떤 반대도 막으면서 유대인에게 엄청난 충격을 주는 것이었다. 강도 만난 자는 그의 직업과 국적, 종교와 인종이 익명으로 되어 있다. 신분이 고려되지 않고 있으며, 단지 이러한 사람이 우리의 이웃이라는 사실만이 주어졌다. 우리의 사랑과 사랑이 실천되는 대상은 직업과 국적, 종교와 인종, 그리고 문화를 뛰어넘는 것이 되어야 함을 보여준 것이다.

한국 사람들이 고쳐야 할 특징 중 하나는 '우리주의'다. 우리는 우리의 가족과 우리의 교인들, 우리의 친구들, 우리가 알고 지내는 사람들에게는 애정을 갖고 상대하지만, '우리' 밖에 있다고 생각되는 사람들에게는 몰인정하고 쉽게 자비를 베풀지 못한다. 아시아의 가난한 나라에서 온 사람들이 한국에서 당하는 아픔은 바로 우리 민족의 이런 모습과 관련이 있다.

복음서 저자 중 오직 누가만 이 비유를 기록한 이유는 아마도 누가만이 문화와 인종, 성과 사회적 신분의 장벽 해소에 큰 관심을 가졌기 때문이 아닐까? 오직 누가만이 예수님의 선한 사마리아인의 비유의 참된 의도를 간파했기 때문이 아닐까 라는 생각을 갖게 된다.

마지막으로, 예수님의 메시야 사역을 증거하기 위해서다

강도 만난 사람처럼 비참한 상태에 있는 이스라엘과 우리에게 사마리아인이 베푼 것과 같은 예수님의 자비가 없다면 우리는 결코 살 수 없다. 이스라엘을 돌보도록 세워진 제사장과 레위인의 무관심에 반하여, 예수님은 죄인들을 위해 베푸신 원수에 대한 사랑을 이 비유를 통해 분명하게 보여주신다. 이 비유를 풍유적, 혹은 상징적으로 해석하는 사람들이 많다. 우리가 잘 알고 있는 어거스틴마저도 이 비유를 그렇게 해석했다. 풍유적인 해석은 모든 사건과 요소에 의미가 있다고 가정하고, 각 요소에 의미를 부여하는 해석 방법이다. 어거스틴은 강도와 매를 맞은 사람을 아담으로, 강도들을 마귀와 그의 사자들로, 제사장과 레위인을 구약의 사제들과 그 직분으로, 사마리아 사람을 예수님으로, 기름을 위로로, 포도주를 권면으로, 주막을 교회로, 두 데나리온을 하나님과 이웃 사랑에 대한 두 강령으로, 주막 주인을 사도 바울로 해석했다. 이와 같은 해석을 그대로 받아들이면 곤란하다. 왜냐하면 이것은 비유이기 때문이다. 그러나 우리의 깊은 교훈을 위해서 이 비유에 나타난 풍유적인 요소를 전혀 배제할 필요는 없다. 우리는 사마리아인이 예수님을 상징한다는 것에 주목할 필요가 있다.

선한 사마리아인의 비유는 구약에 병행되는 사건들을 가지고 있다. 역대하 28:5-15에는 주전 734년 아하스 왕의 통치기간 중에 예루살렘과 유대에 살던 사람들이 사마리아에 포로가 되어 잡혀갔던 기사가 있다.

> 이 위에 이름이 기록된 자들이 일어나서 포로를 맞고 노략하여 온 것 중에서 옷을 가져다가 벗은 자들에게 입히며 신을 신기며 먹이고 마시게 하며 기름을 바르고 그 약한 자들은 모두 나귀에 태워 데리고 종려나무 성 여리고에 이르러 그의 형제에게 돌려준 후에 사마리아로 돌아갔더라_대하 28:15

그런가 하면 호세야 6:9에도 기록이 있다.

> 강도 떼가 사람을 기다림 같이 제사장의 무리가 세겜 길에서 살인하니 그들이 사악을 행하였느니라_호 6:9

우리는 많은 단어와 요소가 선한 사마리아인의 비유와 중첩되어 있음을 볼 수 있다. 예수님께서 만드신 이 비유는 그 당시의 실제적인 배경을 가지고 있음은 물론, 구약과 연속성을 가지며 구약의 해석까지 포함하고 있다. 또한

'네 이웃을 네 자신 같이 사랑함'에 대한 예리한 주석이라고 볼 수도 있다. 당대의 인종과 성과 종교와 신분의 경계선을 뛰어넘는 새로운 창조적인 사랑을 모범적으로 실천하는 사마리아인의 행동, 곧 예수님을 통해 이미 도래하고 있는 하나님 나라는 물론, 율법과 인종과 민족과 성과 문화와 계층을 뛰어 넘는 새로운 복음을 예수님께서는 직접 보여주고 계신 것이다.

우리는 하나님 나라의 참모습을 사마리아 사람의 행동에서 찾을 수 있다. 그는 강도를 만나 의복도 벗겨지고 거의 죽게 되었으며, 인종과 종교와 사회적인 신분까지도 상실한, 그래서 마치 사물처럼 비인간화되어 버린 그 사람을 하나님의 형상을 가진 한 사람으로 간주하고 있다. 그가 그의 이웃이 되어 줌으로 예수님의 삶과 사역을 보여주고 있으며 그것이야말로 온 세상에 새롭게 다가온 하나님 나라의 실제적인 모습이 어떠해야 함을 보여 주고 있는 것이다. 형식적인 율법에 기초한 그들의 종교와 그들의 세계관의 무력함을 보여 주고, 진정한 의미의 율법이 완성되어가는 하나님의 나라가 어떤 것인지를 구체적으로 보여준다. 선한 사마리아인의 비유는 사마리아 사람을 위한 것이 아닌 바로 율법사를 포함한 유대인과 우리를 위한 것이다.

가서 너도 이와 같이 하라_눅 10:37

이는 우리가 가졌던 잘못된 기대와 세계관을 깨뜨리고 하나님 나라의 새로운 가치관과 세계관을 받아들이라는 주님의 도전이다. 우리가 한 어려운 사람을 도와주는 단순하게 보이는 그 작은 행동은 바로 하나님 나라의 한 부분을 형성하는 거룩한 행위임을 깨달아야 할 것이다.

너희는 말씀을 행하는 자가 되고 듣기만 하여 자신을 속이는 자가 되지 말라_약 1:22

예수님의 비유로 풀어 쓴 **천국 시크릿 03**

선한 사마리아인의 비유

1. 성경적인 이웃관을 보여준다

당시 유대인들은 율법의 해석에 따른 제한적 이웃관 즉, 자기 중심의 이웃관을 가지고 있었다. 그러나 예수님은 우리의 도움이 필요한 모든 사람이 우리의 이웃이라고 말씀하셨다. 바로 아직도 복음을 받지 못해 죽어가는 영혼이 우리의 이웃이다.

2. 우리 이웃에 대한 범주는 제한이 없다

도움을 필요로 하는 사람을 만나고, 보고, 들어도 우리의 마음에 아무런 반응이 없다면, 이는 심각한 영적 불감증에 걸린 것이다. 손해 보지 않고, 위험부담 없이, 정성을 다하지 않고, 끝까지 책임지는 행동 없이 온전한 선행은 불가능하다.

3. '불쌍히 여기는 마음'을 가져야 한다

예수님은 유대인들이 개나 돼지로 취급해왔던 사마리아인을 비유의 주인공으로 등장시켰다. 이를 통해 예수님은 우리의 사랑과 사랑이 실천되는 대상은 직업과 국적, 종교와 인종, 그리고 문화를 뛰어넘는 것이 되어야 함을 보여주셨다.

4. 예수님의 메시야 사역을 말해 준다

예수님은 강도 만난 사람처럼 비참한 상태에 있는 이스라엘과 우리에게 사마리아인이 베푼 것과 같은 자비를 베풀어 주신다. 어려운 사람을 도와주는 작은 행동 하나까지도 하나님 나라의 한 부분을 형성하는 거룩한 행위임을 깨달아야 할 것이다.

04 한밤중의 친구 비유

5또 이르시되 너희 중에 누가 벗이 있는데 밤중에 그에게 가서 말하기를 벗이여 떡 세 덩이
를 내게 꾸어 달라 6내 벗이 여행중에 내게 왔으나 내가 먹일 것이 없노라 하면 7그가 안에
서 대답하여 이르되 나를 괴롭게 하지 말라 문이 이미 닫혔고 아이들이 나와 함께 침실에
누웠으니 일어나 네게 줄 수가 없노라 하겠느냐 8내가 너희에게 말하노니 비록 벗 됨으로
인하여서는 일어나서 주지 아니할지라도 그 간청함을 인하여 일어나 그 요구대로 주리라 9
내가 또 너희에게 이르노니 구하라 그러면 너희에게 주실 것이요 찾으라 그러면 찾아낼 것
이요 문을 두드리라 그러면 너희에게 열릴 것이니 10구하는 이마다 받을 것이요 찾는 이는
찾아낼 것이요 두드리는 이에게는 열릴 것이니라 11너희 중에 아버지 된 자로서 누가 아들
이 생선을 달라 하는데 생선 대신에 뱀을 주며 12알을 달라 하는데 전갈을 주겠느냐 13너희
가 악할지라도 좋은 것을 자식에게 줄 줄 알거든 하물며 너희 하늘 아버지께서 구하는 자에
게 성령을 주시지 않겠느냐 하시니라_눅 11:5-13

사복음서에는 기도에 관한 비유가 총 4개가 기록되어 있다.

첫째, 자녀에게 좋은 것을 주시는 아버지 비유_마 7:9-11, 눅 11:9-13
둘째, 한밤중의 친구 비유_눅 11:5-8
셋째, 불의한 재판관 비유_눅 18:1-8
넷째, 바리새인과 세리의 기도 비유_눅 18:9-14

'자녀에게 좋은 것을 주시는 아버지'라는 비유만 마태복음과 함께 기록되어 있고, 나머지 세 개는 모두 누가복음에만 기록되어 있다. 또한 누가는 누가복음 곳곳에서 특별히 예수님과 관련되어 있는 기도에 대해 많이 언급하고 있다. 누가가 기록한 사도행전에는 기도에 관한 기록들이 더 많이 쓰여 있다. 이는 복음서 저자들 중에서 누가가 기도에 대해 가장 큰 관심을 가지고 있었음을 보여주는 대목이다.

백성이 다 세례를 받을새 예수도 세례를 받으시고 기도하실 때에 하늘이 열리며 _눅 3:21

예수님께서 세례를 받으시고 올라오셔서 기도하실 때 성령이 임하셨다. 그러나 다른 복음서에는 세례를 받으시고 올라 오셔서 성령이 임하신 것으로 기록되어 있다.

이 때에 예수께서 기도하시러 산으로 가사 밤이 새도록 하나님께 기도하시고_눅 6:12

예수님은 제자들을 택하시기 전에 밤이 새도록 하나님께 기도하셨다.

이 말씀을 하신 후 팔 일쯤 되어 예수께서 베드로와 요한과 야고보를 데리고 기도하시러 산에 올라가사_눅 9:28

누가는 예수님께서 기도하실 때에 변형되셨음을 강조하고 있다.

한밤중의 친구 비유는 당시의 상황을 잘 반영해 주고 있다. 한밤중에 어떤 사람에게 갑자기 손님이 찾아왔다. 낮에는 아주 더운 사막 기후였던 그곳에서는 밤에 여행하는 경우가 잦았다. 만약 그곳이 산악 지형이었다면 상황은 달라졌을 것이다. 또한 당시 그곳에서는 예기치 못한 손님이 방문하는 일은 매우 흔한 일이었다. 왜냐하면 전보나 전화, 이메일이 없던 시대였기 때문이다. 당시 중동의 농촌 마을에서는 가정마다 돌아가면서 공동으로 빵을 만드는 풍습이 있었다. 만약 그렇다면 아마도 손님이 찾아온 날은 집주인이 빵을 만들 차례였을 가능성이 크다. 어쨌든 한밤중에 손님을 맞이하게 되었으나 손님 대접할 빵이 없었던 그 사람은 이웃에게 찾아가 빵을 요구하게 되었다. 한밤중에, 그것도 갑자기 친구에게 도움을 요청하는 것은 무례한 일이었지만, 당시 그곳에서는 손님 접대가 최고의 덕목이었음으로 무례를 무릅쓴 것이다. 우리는 이러한 상황을 유대 랍비들의 기록에서 엿볼 수 있다. 유대 랍비들이 정한 여섯 가지 덕목은 손님 환대, 병문안, 기도, 명상, 미드라쉬를 열심히 배우는 것, 아이들에게 토라를 가르치는 것, 이웃의 좋은 점만 보는 것 등이었다. 그 중에서 가장 중요한 덕목은 바로 '손님 접대'였다. 손님 접대에 대해서 창세기 18:1–8은 아브라함을 통해 좋은 예를 보여준다.

> 1여호와께서 마므레의 상수리나무들이 있는 곳에서 아브라함에게 나타나시니라 날이
> 뜨거울 때에 그가 장막 문에 앉아 있다가 2눈을 들어 본즉 사람 셋이 맞은편에 서 있
> 는지라 그가 그들을 보자 곧 장막 문에서 달려나가 영접하며 몸을 땅에 굽혀… 6아브
> 라함이 급히 장막으로 가서 사라에게 이르되 속히 고운 가루 세 스아를 가져다가 반
> 죽하여 떡을 만들라 하고 7아브라함이 또 가축 떼 있는 곳으로 달려가서 기름지고 좋
> 은 송아지를 잡아 하인에게 주니 그가 급히 요리한지라 8아브라함이 엉긴 젖과 우유
> 와 하인이 요리한 송아지를 가져다가 그들 앞에 차려 놓고 나무 아래에 모셔 서매 그
> 들이 먹으니라 _창 18:1–8

아브라함의 나그네에 대한 환대가 아주 잘 묘사되어 있다. '곧, 달려나가, 급히, 속히, 달려가서, 급히'라는 서두름에 대한 표현이 총 6회나 등장한다. 아브라함이 처음부터 그들이 천사일 줄 알고 대접했을까? 히브리서 기자는 그렇지 않다고 설명한다.

> 손님 대접하기를 잊지 말라 이로써 부지중에 천사들을 대접한 이들이 있었느니라 _히 13:2

당시 사회 · 문화적 배경을 살펴보자. 이것은 이 비유를 해석하는데 필

수적인 요소다.

문이 이미 닫혔고_눅 11:7

빵을 빌리러 간 친구는 밤중에 온 친구에게 문을 열어 주었으나, 빵이 있는 사람은 문을 열어 주는 것을 거절했다. 아마도 청중들은 그를 나쁜 사람이라고 생각했을 것이다.

아이들이 나와 함께 침실에 누웠으니_눅 11:7

당시 그들에게 방 하나는 보통이었다. 곡식이나 연장과 같은 물건도 함께, 한 가족이 모두 모여 잠을 자는 것이 보편적이었다. 일교차도 심하고, 도둑으로부터 가축들을 지키기 위해 밤에는 집안에 가축을 들였다. 가족들은 문의 반대편에 위치한 약간 높은 마루 같은 곳에서 잠을 잤다. 그리고 다락방이 있을 경우에는 그것을 식당이나 숙소로, 혹은 손님방으로 사용했다. 또한 그들에게는 모든 집들이 담도 없이 다닥다닥 붙어 있어서 소란이 일어나면 모든 가족들은 물론 이웃들까지 잠이 깨었을 것이다. 그러므로 집주인이 식구들이 깰까봐 일어날 수 없다고 한 것은 핑계일 뿐이다. 그래서 청중들은 이런 그의 핑계를 듣고 매우 분개했을 것이다.

떡 세 덩이_눅 11:5

이것은 한 사람의 식사 분량에 해당한다. 셋이라는 숫자에 특별한 의미는 없어 보인다. 거절한 사람 입장에서 이해하려고 한다면, 먼저 이웃의 요청을 받아들이려면 일어나야 한다. 그리고 등잔에 불을 켜기 위해 아이들을 깨워야 하고 빵을 찾아야 한다. 이뿐만이 아니다. 동물들 사이를 지나서 빗장을 열고 떡을 건네주어야 하는 수고가 필요하다.

그렇다면 이 비유의 제목을 무엇으로 보면 좋을까? 비유의 제목을 어떻게 정하느냐에 따라 비유가 주는 중요한 메시지를 결정하는데 매우 결정적인 역할을 한다. 첫째는 '밤중에 찾아온 친구의 비유'다. 헌터, 그로싼, 스타인과 같은 학자들이 이 제목을 선택했다. 이는 '떡 세 덩이'를 구하러 이웃에 간 사람에게 초점을 맞추고 있다. 둘째는 '성가시게 조르는 친구의 비유'다. 불트만, 맨슨과 같은 학자들이 이 제목을 선택했다. 이는 떡을 줄 때까지 조르는 친구에게 초점을 맞추었다. 셋째는 '끈질긴 친구의 비유'로, 이 제목에 대해서는 휘츠마이어와 같은 학자가 대표적이다. 이는 끈질기게 요청하는 사람에게 초점을 맞추었으나, 그는 중심인물이 간청하는 친구가 아니라 잠자리에서 일어난 친구라고 보았다. 넷째는 '인색한 집주인의 비유'다. 스툴뮬러와 예레미아스와 같은 학자들이 이 제목을 지지한다. 이는 '치사한 친구의 비유'로, 비유의 중심이 조르는 사람에게 있는 것이 아니고 도움을 요청받은 사람이 중심인물이라고 주장한다. 예레미아스는 '도와달라는 요청을 받고 밤중에 일어난 친구의 비유'라고 제목을 정했는데, '밤중에 찾아온 친구의 비유'보다는 '밤중에 일어난 친구의 비유'가 더 적절하다고 주장했다. 또한 페린이라는 학자는 '성가시게 조르는 친구의 비유'보다는 '성가시게 졸라댐을 당했던 친구의 비유'가 더 적절하다고 생각했다.

이처럼 비유의 제목은 누구에게 초점을 맞추느냐에 따라 두 종류로 나뉠 수 있다. 필자가 제목을 '한밤중의 친구 비유'라고 정한 것은 독자에게 선택의 기회를 주기 위함이다. 당신은 '한밤중에 찾아온 친구 비유', 혹은 '한밤중에 일어난 친구 비유' 중의 하나를 선택할 수 있다. 제목을 무엇으로 볼 것이냐는 누구에게 초점을 맞출 것인가를 결정하는 것이고, 그것은 어떤 해석을 내릴 것인가로 연결된다. 물론 비유의 해석도 그 제목에 따라 나뉠 수밖에 없다. 첫째, '끈질긴 기도'로 비유의 주제를 정할 수 있다. 이는 빵을 구하러 온 친구에게 초점을 맞추었을 때, 이 비유의 중심 교훈이 된다. 둘째, '하나님은 구하는 모든 것을 주신다'가 비유의 주제가 될 수 있다. 이는 도움을 요청 받은 친구에게 초점을 맞춘 경우에 가능한 주제다.

사실 이 비유의 주제는 누가복음 11:8의 해석에 달려 있다. 특히 한 단어, '간청함'을 어떻게 해석하느냐에 따라 주제가 크게 달라진다. 만약 우리의 성경처럼 '간청함'으로 그 단어를 해석한다면, 하나님의 선하신 뜻과는 상관없이 우리가 귀찮을 정도로 성가시게 조르면 하나님이 우리의 기도에 응답하실 수밖에 없다는 말이 된다. 그리고 우리의 기도가 그렇게 응답될 때까지 성가실 정도로, 그래서 하나님이 두 손을 드실 때까지 조르면 된다는 것이 이 비유의 메시지가 되는 오류를 범할 수 있다. 그러나 기도는 결코 하나님의 뜻을 내 뜻에 굴복시키기 위한 무기나 압력의 수단이 아니다. 그러므로 이 비유의 중심인물은 간청하는 자가 아니고 간청을 받은 친구이며, 간구하는 것은 반드시 주어질 것이라는 가르침을 주고 있다.

만약 '간청함' 대신 '그의 창피 당하지 않음을 인하여'로 해석한다면, 이 비유의 해석은 달라진다. 그렇다면 여기서 '그'는 누구인가? 간청하는 사람인가 아니면 간청 당하는 사람인가? 간청하는 사람을 가리킨다면 간청하는 사람은 요구가 관철되지 않아 창피를 무릅쓰고 계속 빈손으로 문 앞에서 있는 상황이다. 그러나 간청 당한 사람에게 적용되면 간청 받은 사람은 친구라는 이유에서만이 아니라 친구를 도와주지 않은 것 때문에 공동체 사람들로부터 창피를 당하거나 체면을 상실하지 않기 위해서 일어나 그를 돕는다는 것이 8절의 의미가 될 것이다.

여기에 나와 있는 많은 요소들을 가지고 될 수 있는 대로 많은 비교점을 찾아 억지로 해석하는 것은 매우 위험한 시도다. 여기서는 인간의 어떤 행위와 하나님의 행위를 비교하지 않고 오히려 대조하고 있다고 볼 수 있다. 예를 들어, 잠을 자고 있었던 사람은 하나님의 역할을 일부 맡고 있지만 예수님은 하나님이 잠을 자러 들어가 문을 닫고 쉽게 일어나지 않으시거나, 귀찮은 일에 얽매이기 싫어하신다는 것을 가르치려고 한 것이 아님은 분명하다. 비교의 요점은 하나님은 잠을 자고 있는 그 친구처럼 참으로 필요한 것은 무엇이든지 자신에게 구하는 자에게 주신다는 것을 보여줄 따름이다. 또한 친구의 마지못해 하는 태도는 하나님이 자기 자녀에게 좋은 선물을 얼마든지 주려고 하시는 태도와 대조된다.

그렇다면 다시 누가복음 11:8로 돌아가서 우리의 성경에 '간청함'으로 되어 있는 단어를 어떻게 해석해야 할까? 영어 성경 중 KJVKing James Version과 RSVRevised Standard Version, 그리고 우리의 성경은 '간청함'으로 번역되어 있다. 그리고 영어 성경인 NIVNew International Version, NRSVNew Revised Standard Version은 이를 '대담성the man's boldness', '끈질김his persistence'으로 번역하였다. 이러한 해석은 떡을 요청 받은 친구보다는 떡을 빌리어 온 사람에게 초점이 맞추어져 있음을 알 수 있다. 그것은 바로 '기도'를 통해 요청 받은 하나님의 태도에 초점을 맞추어 해석하기보다는, 오히려 하나님께 끈질기게 요청하는 인간의 기도하는 태도에 초점을 맞추어 해석한 것이다.

이 비유는 누가복음 18장에 나오는 '불의한 재판관 비유'와 같은 의미를 가졌다고 보는 견해가 많다. 그러나 이 비유에서 빵을 구하러 온 사람이 적어도 간청하지 않은 것으로 보이는 세 가지 이유가 있다. 다시 말해 이 단어를 굳이 '간청함'으로 볼 필요가 없는 세 가지 기본적인 전제가 있다. 첫째, 간청했다는 이야기가 나오지 않는다. 계속 문을 두드리고 요구하고 귀찮게 했을 것이라는 추측은 잘못된 표현이다. 그러한 표현은 어디에도 없다. 물론 이것은 다음에 계속되는 '구하고, 찾고, 두드리라'는 것에서 가져온 것이지만, 본문에서는 그러한 면을 지적하고 있지 않다. 다만 그는 '친구여'라는 단어와 자신의 필요를 알리는 일만을 했다. 둘째, 한밤중에 끈질기게 간청했다면 당장 다른 이웃들에게도 큰 문제가 되었을 것이다. 셋째, 간청해서 마지못해 주었다면 그렇게 요구하는 것을 모두 성의껏 줄 필요가 없었을 것이다.

근대로 넘어오면서 예레미아스J. Jeremias, 존 도나후John R. Donahue, 베일리K.E. Bailey, 존 팀머John Timmer, 스콧B. Scott, 후파드E.W. Huffard, 헤르조그W.R. Herzog 등은 전통적인 번역인 '간청함'이나 '끈질김'에 문제를 제기하였다. 이들이 그렇게 주장하는 데에는 이유가 있다.

먼저 '간청함'으로 번역된 헬라어 단어는 '아나이데이아anaideia'로, '간청함'보다는 '부끄러움을 피하기 위함'으로 해석하기 때문이다. 또한 그들은 중동 문화가 아닌 서구의 문화적 관점에서 해석하지 말 것을 주장한다. 중동 문화는 개인과 마을의 공동체를 분리시키지 않기 때문이다. 수치와 체면과 부끄러움을 자신과 공동체의 생명으로 간주하는 문화였다. 이에 반해 서구 문화는 개인과 공동체를 철저히 분리시켜 모든 것을 개인 중심으로 생각하는 경향을 가지고 있다. 그렇다면 '아나이데이아anaideia'는 언어학적으로 무슨 의미를 가지고 있을까? 이 단어는 신약 성경에 오직 1회, 이곳에만 사용되었기 때문에 그 정확한 의미를 다른 구절에서 찾는 것이 쉽지가 않다. 그리고 이 단어가 빵을 빌리러 온 사람과 연관되어 있는지, 아니면 빌려주는 사람과 연관되어 있는지를 잘 살펴야 한다.

고전 희랍어 문헌과 성경의 희랍어 번역인 70인경, 유대 랍비 문헌은 이 단어가 한결같이 '수치나 염치없음, 수치를 피하기 위함, 부끄러움을 당하지 않기 위함'이라는 의미로 사용되고 있음을 보여준다. 그러나 교부시대를 거쳐 중세기로 넘어 오면서 라틴어 성경에서는 '간청함importunity'으로, 그리고 곱틱 번역본에서는 '끈질김persistence'으로 번역되기 시작했다. 그렇다면 이 단어를 번역하는 데 있어서 예수님 당시에 쓰인 의미로 번역함이 더욱 타당할 것이다. 그러므로 이 단어는 '부끄러움을 당하지 않기 위해'라고 번역되어야 옳다.

그렇다면 그것은 누구의 부끄러움을 면하기 위함일까? 원문을 비교해 보면 누가복음 11:8은 '교차대구법문장에서 통사구조가 동일한 2개의 어구나 절이 나란히 연속될 때 서로 대치되는 단어의 순서를 바꾸는 표현법'으로 구성되어 있다. 번역본인 우리의 성경에는 분명히 드러나지 않고 있지만, 원문을 우리말로 그대로 바꾸어 보면 분명하게 드러나게 된다. 다음에 열거된 내용 중에 일행과 육행, 이행과 오행, 그리고 삼행과 사행이 대조가 되고 있는데 삼행과 사행의 대조에서 주어가 같음을 알 수 있고 그래서 그는 바로 빵을 요청 받은 사람임을 알 수 있다.

A. 그가 그에게 주지 않는다

B. 그가 일어나

C. 그의 자신의 친구됨 때문에

C'. 그가 자신의 체면을 잃지 않기 위함 때문에

B'. 그가 일어나

A'. 그는 그가 요구한 것을 그에게 줄 것이다

이 비유에 대한 해석이 오랫동안 다른 각도에서 해석되어 온 이유에 대해 중동에서 30년 이상을 살면서 예수님의 비유를 중동 유대 문화 배경에서 해석하려고 애썼던 베일리는 이렇게 말했다. "개인을 전체 공동체와 분리시키지 않을 뿐만 아니라 수치와 부끄러움과 체면을 생명처럼 여기는 중동 문화 배경을 바탕으로 이 비유를 이해하지 않고, 철저히 개인 중심을 강조하는 서구 문화의 배경에서 해석하려고 하는 것은 문제가 있다."

우리 문화도 이와 유사한 점이 있다. 체면을 중시하는 우리는 아이들에게 "그것이 옳은 것이 아니다!"라고 말하기보다는 "창피하지도 않니?"라고 말하는 것을 보면 쉽게 알 수 있다. 이 비유를 해석하는 데 있어서 우리 문화에 맞게 적용할 필요가 있지만, 적어도 정확한 해석은 이 비유의 문화를 현재 우리 문화로 옷을 입혀 현대화해서는 안 된다는 사실이다. 한마디로 우리가 예수님의 시대와 문화권에 들어가서 그 시대에 맞게 해석해야 한다는 것이다. 중동 문화에서 결혼식과 장례식은 마을 전체의 공동체 행사였다. 당시 그곳 사람들은 한 가정에 찾아온 방문객도 마을 전체의 손님으로 간주했다. 그러므로 한 손님이 환대를 받지 못하면 마을 전체의 체면이 손상되는 수치스러운 일이 되었다.

그렇다면 이 비유의 중심 메시지는 무엇일까? 이 비유는 기도하는 인간에게 초점이 맞추어져 있기보다는, '인간의 기도에 반드시 응답해 주시는 하나님의 은혜로운 성품'에 그 초점이 맞추어져 있다. 그는 우리의 아버지시고, 은혜로운 분이시기에 우리의 기도에 반드시 응답하는 분이시다. 그러나 그 응답의 원천이 우리의 열심과 간청에 있는 것이 아닌 하나님의 하나님 되심에 있다는 것이다. 우리가 기도할 때 우리의 열심에 초점을 맞추어서는 안 되며, 하나님을 향한 신뢰와 믿음에 그 기초를 두어야 함을 보여주고 있다.

이제, '한밤중의 친구 비유'가 기도에 대해 우리에게 주는 교훈을 정리해 보자.

첫째, 기도는 우리의 열심이나 간청함에 있는 것이 아닌 하나님의 성품에 그 근거를 두고 있다

누가복음에 나타난 세 가지 기도의 비유 중 이 비유가 처음 등장한다. 이 비유는 우리가 하나님께 기도할 때 우리의 기도 대상인 하나님께 대하여 어떤 믿음의 자세로 기도해야 할 것인지에 대해 분명하게 가르치고 있다. 유대 철학자 헤쉘은 기도에 있어서 가장 중요한 것은 '하나님에 대해 어떻게 생각하느냐'라고 말했다. 기도에 있어서 그 중심이 자기 자신에게 있는지 하나님께 있는지 살펴야 할 것이다.

우리는 말씀은 하나님께서 우리에게 들려주시는 하나님의 마음이고, 기도는 하나님께 우리의 마음을 아뢰는 것이라고 말한다. 그것은 어느 정도 옳은 말이다. 우리가 하나님과 교제하는 데 있어서 '말씀'과 '기도'는 중요한 두 축이 된다. 그러나 기도를 우리가 주도권을 가지고 있는 신앙의 행위로 생각한다면 아주 잘못된 것이다.

둘째, 기도는 곧 하나님과의 밀접한 교제를 의미한다

> 37주 여호와께서 이같이 말씀하셨느니라 그래도 이스라엘 족속이 이같이 자기들에게
> 이루어 주기를 내게 구하여야 할지라 내가 그들의 수효를 양 떼 같이 많아지게 하되
> 38제사 드릴 양 떼 곧 예루살렘이 정한 절기의 양 무리 같이 황폐한 성읍을 사람의 떼
> 로 채우리라 그리한즉 그들이 나를 여호와인 줄 알리라 하셨느니라_겔 36:37-38

하나님께서 모든 회복과 복을 약속하시고도 그렇게 이뤄주시도록 기도하라고 하신 이유는 무엇일까?

7또 기도할 때에 이방인과 같이 중언부언하지 말라 그들은 말을 많이 하여야 들으실
줄 생각하느니라 8그러므로 그들을 본받지 말라 구하기 전에 너희에게 있어야 할 것
을 하나님 너희 아버지께서 아시느니라_마 6:7-8

하나님께서는 우리가 구하기 전에 우리에게 무엇이 필요한지도 다 알고 계신다. 그런데도 하나님께서는 계속 구하라고 하시고, 찾으라고 하시며, 문을 두드리라고 하신다. 그 이유는 바로 하나님께서 우리와의 교제를 원하시기 때문이다. 아무것도 필요없으시고 부족함이 없으신 그분께서는 단지 우리와 교제하기를 원하시는 것이다.

워렌 위어스비는 "끊임없는 기도는 우리가 원하는 것을 얻기 위해 하나님의 팔을 비틀어야 한다는 것을 의미하지 않는다. 그것은 아버지의 뜻을 알고 그 일을 실행해 달라고 그에게 요구하면서 그와 밀접한 교제를 갖는 것을 의미한다"라고 말했다.

셋째, 기도는 나의 뜻을 세워 가는 것이 아닌 하나님의 뜻을 세워가며 하나님을 내 마음에 채우는 것을 의미한다

테레사는 "도대체 기도한다는 것이 무엇입니까?"라는 질문에 "기도란 하나님으로 내 마음을 가득히 채우는 것이며, 하나님을 알아가는 것입니다"라고 대답했다. 우리는 예수님께서 십자가를 앞에 두고 하신 기도를 상기할 필요가 있다.

이르시되 아버지여 만일 아버지의 뜻이거든 이 잔을 내게서 옮기시옵소서 그러나 내 원대로 마시옵고 아버지의 원대로 되기를 원하나이다 하시니_눅 22:42

당시 유대인들은 인간은 그의 행위를 통해 하나님을 어느 정도 조정할 수 있다고 생각했다. 그러나 예수님께서는 이 비유를 통해 그러한 생각이 잘못되었음을 지적하셨다. 이것은 전후 문맥을 보아도 같은 내용이 강조되고 있음을 알 수 있다. 예를 들어, 누가복음 11:2-4의 주기도문은 하나님의 아버지 되심에 모든 강조점이 있다. 그 기도는 '아버지'라는 친밀하고도 직접적인 단어로 시작하고 있다. 그리고 여섯 가지를 구하고 있는데, 하나님의 이름이 거룩해지도록, 하나님의 나라가 임하도록, 하나님의 뜻이 이뤄지도록, 일용할 양식, 용서, 시험을 극복하는 모든 것이 하나님의 이름에 모두 걸려 있으며, 하나님의 통치와 그분의 뜻이 기도에서 가장 중요함을 강조하고 있다. 하나님의 영광, 하나님의 나라, 하나님의 뜻, 하나님의 명예가 강조되고 있는 것이다. 하나님의 뜻의 중요성에 대해서는 로마서에도 잘 나타나 있다.

> [1]그러므로 형제들아 내가 하나님의 모든 자비하심으로 너희를 권하노니 너희 몸을 하나님이 기뻐하시는 거룩한 산 제물로 드리라 이는 너희가 드릴 영적 예배니라 [2]너희는 이 세대를 본받지 말고 오직 마음을 새롭게 함으로 변화를 받아 하나님의 선하시고 기뻐하시고 온전하신 뜻이 무엇인지 분별하도록 하라_롬 12:1-2

주기도문에 이어 '한밤중의 친구 비유'는 기도를 받으시는 하나님의 성품눅 11:5-8을 강조하고 있다. 이는 단순히 끈질기게 기도하라는 기도의 방법이나 간청해야 하는 우리의 태도를 말하는 것이 아니다. 하나님이 인색하셔서 우리가 애걸복걸해야 주시는 분은 아니기 때문이다. 하나님의 뜻에 맞는 기도를 할 때 주신다는 것이다.

> 자기 아들을 아끼지 아니하시고 우리 모든 사람을 위하여 내주신 이가 어찌 그 아들과 함께 모든 것을 우리에게 주시지 아니하겠느냐_롬 8:32

그리고 기도에 관한 그 다음 비유눅 11:9-13는 확실한 하나님의 응답에 강조점을 두고 있다. 구하면 반드시 주신다는 것을 보여 주고 있는 것이다. 그러므로 누가복음 11:1-13까지는 기도에 대한 삼중적 강조가 이뤄지고 있다.

넷째, 하나님께서는 기도의 응답으로 가장 좋은 것을 주신다는 확신을 새롭게 할 필요가 있다

누가복음 11:13에서 구하는 자에게 '성령'을 주신다는 말씀이 갑자기 튀어 나와 있어 문맥에 맞지 않는 것처럼 보인다. 그러나 그것의 의미는 이렇다. 성령님의 가장 좋은 선물이라는 것은, 성령님이 기도하는 자들에게 함께하심으로 하나님의 나라와 그의 통치가 이뤄진다는 것을 말한다. 다른 말로 하면, 하나님께서는 기도하는 자들에게 하나님의 왕국을 허락하신다는 의미다.

> 적은 무리여 무서워 말라 너희 아버지께서 그 나라를 너희에게 주시기를 기뻐하시느니라_눅 12:32

또한 우리가 기도를 시작할 때 성령님께서 역사하심을 시작하신다는 의미를 가지고 있다. 우리가 누구를 위해 기도를 시작하면, 성령님께서는 그 사람에게 역사하기 시작하신다. 그 사람이 선교사, 목회자, 친구, 아픈 환자, 문제가 있는 사람, 나의 도움이 필요한 사람, 나를 도와야 할 사람 등, 어떤 사람이든지 우리가 기도하면 성령님께서 그에게 역사하기 시작하시는 것이다. 그런 점에서 성령님은 모든 좋은 것의 근원이 되신다. 기도는 성령님께서 우리에게 필요한 모든 것을 공급하시는 것이 시작됨을 의미한다.

예수님의 비유로 풀어 쓴 **천국 시크릿 04**

한밤중의 친구 비유

1. 기도의 근거는 하나님의 성품에 있다

기도는 우리의 열심과 끈질김에 그 초점을 두고 있는 것이 아니다. 항상 좋은 것을 주시는 하나님의 은혜로운 성품에 그 근거가 있다.

2. 기도는 하나님과의 밀접한 교제를 의미한다

하나님은 우리와 교제를 원하신다. 때문에 하나님은 우리에게 계속 구하라고 하시고, 찾으라고 하시며, 문을 두드리라고 하신다.

3. 기도는 하나님의 뜻을 세워가며, 우리 마음을 하나님으로 가득 채우는 일이다

기도는 나의 뜻을 세워 가는 것이 아닌 하나님의 뜻을 세워가는 것이다. 우리는 애걸복걸하며 떼 쓰는 기도가 아닌, 하나님의 뜻을 이루는 기도를 배워야 한다.

4. 기도는 하나님의 가장 좋은 선물, 성령님의 역사를 누리게 한다.

하나님은 구하는 자에게 그분의 모든 좋은 것의 근원이신 '성령'을 주신다. 우리가 기도하기 시작하면 우리의 모든 필요를 공급하시는 성령님께서 일하기 시작하신다.

05 지혜로운 종과 악한 종의 비유

42주께서 이르시되 지혜 있고 진실한 청지기가 되어 주인에게 그 집 종들을 맡아 때를 따
라 양식을 나누어 줄 자가 누구냐 43주인이 이를 때에 그 종이 그렇게 하는 것을 보면 그 종
은 복이 있으리로다 44내가 참으로 너희에게 이르노니 주인이 그 모든 소유를 그에게 맡기
리라 45만일 그 종이 마음에 생각하기를 주인이 더디 오리라 하여 남녀 종들을 때리며 먹
고 마시고 취하게 되면 46생각하지 않은 날 알지 못하는 시각에 그 종의 주인이 이르러 엄
히 때리고 신실하지 아니한 자의 받는 벌에 처하리니 47주인의 뜻을 알고도 준비하지 아니
하고 그 뜻대로 행하지 아니한 종은 많이 맞을 것이요 48알지 못하고 맞을 일을 행한 종은
적게 맞으리라 무릇 많이 받은 자에게는 많이 요구할 것이요 많이 맡은 자에게는 많이 달라
할 것이니라_눅 12:42-48(마 24:45-51)

누가복음

전체의 흐름을 아는 것은 예수님의 사역 시기에 따른 비유를 이해하는 데 도움이 된다.

누가복음	내 용
1:1-2:52	구세주의 오심
3:1-9:50	구세주의 사역과 예수님이 예언자적 메시야이심을 보여줌
9:51-19:44	예루살렘 여행 시 주신 구세주의 말씀
24:1-53	예수 그리스도의 부활, 그리고 승천

조금 더 자세히 누가복음 12장을 살펴보자.

눅 12장	내 용
1-3절	밝혀진 바리새인들의 외식
4-7절	두려워할 필요가 없는 이유는 하나님의 돌보심에 있음을 보여줌
8-12절	성령님의 돌보심

13-21절	어리석은 부자의 비유
22-34절	세상의 염려에 대한 경고
35-48절	깨어 있는 종의 비유, 신실한 청지기와 신실하지 않은 청지기의 비유
49-53절	분쟁하게 하시는 예수님
54-56절	이 시대를 분별하라는 교훈
57-59절	고소자와 화해하라는 권면

특히, 우리가 주의를 기울여야 하는 부분은 누가복음 12:13-21에 나와 있는 '어리석은 부자의 비유'와 22-34절에 나오는 '세상의 염려에 대한 경고'이다. 이것은 어리석은 자는 그의 마음과 정신을 땅에 집중하게 되고, 깨어 있는 종은 하늘에 집중하게 됨을 보여주고 있다. 또한 35-40절에는 '깨어 있는 종의 비유'가 나오고, 41-48절에는 '신실한 청지기와 신실하지 않은 청지기의 비유'가 등장한다. 그런데 두 비유 중간에 베드로의 질문이 들어 있는데, 첫 번째 비유는 누가복음에만 있고 두 번째 비유는 누가복음과 마태복음에 함께 기록되어 있다. 그러므로 누가복음 12:35-48까지의 두 비유는 베드로의 질문으로 연결되어 있는 비유라고 볼 수 있다. 그렇다면, 먼저 설명이 필요한 것부터 정리해보자.

"허리에 띠를 띠고"눅 12:35는 종의 길고 늘어진 겉옷을 일하기 용이하고 방해가 되지 않도록 띠를 둘러 일할 수 있도록 준비하는 모습을 보여준다. 종들은 주인이 돌아오면 즉시 마중 나올 수 있도록 항상 준비되어 있어야 했다. 그 당시의 종들은 항상 준비해야 할 것이 있었는데, 하나는 주인이 돌아올 때 주인을 영접할 수 있는 준비요, 또 하나는 주인이 필요로 하는 어떠한 일을 즉시 감당할 수 있는 준비였다.

"등불을 켜고 서 있으라"눅 12:35도 역시 준비의 필요성을 말해주고 있다. 이는 '열 처녀 비유'마 25:1-13와 동일한 교훈이다. 지혜로운 다섯 처녀는 기름을 준비하고 있었지만, 다른 다섯 처녀는 기름을 준비하지 못해서 낭패를 당했다.

"주인이 띠를 띠고 그 종들을 자리에 앉히고 나아와 수종들리라"눅 12:37에서 나타나는 주인은 세상의 주인과는 다른 모습이다. 이는 바로 예수님의 모습으로서, "나는 섬기는 자로 너희 중에 있노라"눅 22:27는 예수님의 말씀처럼, 제자들의 발을 씻어주신 예수님요 13:1-15을 보게 된다. 예수님께서 영광과 위엄을 가지고 다시 오실 때에도 그러한 놀라운 일이 일어날 것이다. 그래서 종들에게는 '복'이 있다는 것이다. 특히, "그 종들은 복이 있으리로다"눅 12:38라는 말씀이 두 번이나 반복되는 것에 주의하라. 이는 그들이 너무도 귀중하기 때문에 복이 있다는 것이다.

"혹 이경에나 혹 삼경에"눅 12:38. 이것은 밤을 사경으로 나눈 로마의 시간법보다는 유대의 삼경 시간법을 사용한 것으로 보여진다. 그러나 여기서 시간은 덜 중요한 요소라고 할 수 있다. 강조점은 예수님이 다시 오실 때 신자들이 받게 될 최상의 축복에 있다. 39-40절은 집주인이 도둑으로부터 자기 재산을 보호하기 위해 항상 지키고 있어야 하는 것처럼, 신자들은 예수님이 언제 오실지 모르기 때문에 항상 마음과 정신을 준비하고 있어야 한다는 것이다.

베드로는 예수님께 "주께서 이 비유를 우리에게 하심이니이까 모든 사람에게 하심이니이까"눅 12:41라고 질문한다. 그러나 마태복음에는 나오지 않는다. 매튜 헨리Mathew Henry는 "베드로를 인해 하나님께 감사드린다. 그는 언제나 질문들을 제기하고 있다"라고 말했는데, 이러한 베드로의 질문은 우리에게도 큰 유익이 된다. 왜냐하면 그의 질문은 언제나 놀라운 답변을 초래하기 때문이다. 그러나 여기서 예수님은 대답 대신 다른 비유를 말씀해주신다. 그것은 책임을 맡은 사람들에게 일차적으로 적용되지만, 더 나아가 모든 사람에게 적용된다고 보는 것이 당연할 것이다. 그렇다면 베드로가 그 질문을 하게 된 배경은 무엇일까?

아마도 베드로의 호기심은 예수님께서 다시 오실 때 준비하고 있던 사람들과 그렇지 못한 사람들이 있을 것이라는 예수님의 암시 때문으로 보인다. 그렇다면 제자들 중에서도 준비가 되지 않은 사람이 있을 수 있다는 것일까? 그러나 예수님께서는 단순히 호기심에서 일어난 의혹에 대해서는 개의하지 말라고 하시며, 신자가 해야 할 일은 신실하고 지혜 있는 청지기가 되도록 열심히 노력하는 것이라고 가르쳐 주셨다.

베드로의 질문은 두 가지 비유에 모두 적용될 수 있다. 첫째, 베드로는 비유가 가지고 있는 의미의 범주를 알고자 했었고, 그것이 제자들을 위한 것인지 아니면 모든 사람들을 위한 것인지 알고 싶었다. 42-48절에서 예수님께서는 베드로의 질문에 직접적으로 대답하지 않으시고, 다시 비유로 말씀하신다. 그러므로 베드로의 질문은 예수님으로 하여금 우리에게 필요한 또 다른 비유를 말씀하게 만들었다. 35-40절의 비유는 제자들을 위해 특별히 언급하시는 비유다. 왜냐하면 "적은 무리여"32절라는 단어를 사용하시며 그들의 태도를 지적하고 계시기 때문이다. 여기서 두 가지 중요한 사실이 있다.

첫째, 예수님께서는 언약의 성취를 위해서 분명 다시 오신다.

자기를 바라는 자들에게 두 번째 나타나시리라_히 9:28

[2]내 아버지 집에 거할 곳이 많도다 그렇지 않으면 너희에게 일렀으리라 내가 너희를 위하여 거처를 예비하러 가노니 [3]가서 너희를 위하여 거처를 예비하면 내가 다시 와서 너희를 내게로 영접하여 나 있는 곳에 너희도 있게 하리라_요 14:2-3

잠시 잠깐 후면 오실 이가 오시리니 지체하지 아니하시리라_히 10:37

둘째, 예수님의 백성은 '재림'이라는 복된 진리의 빛을 향해서 살아가야 한다. 종들의 책임의식눅 12:45-48과 재림의식눅 12:43은 그들을 깨어 있게 만든다는 사실을 보여준다.

[45]만일 그 종이 마음에 생각하기를 주인이 더디 오리라 하여 남녀 종들을 때리며 먹고 마시고 취하게 되면 [46]생각하지 않은 날 알지 못하는 시각에 그 종의 주인이 이르러 엄히 때리고 신실하지 아니한 자의 받는 벌에 처하리니 [47]주인의 뜻을 알고도 준비하지 아니하고 그 뜻대로 행하지 아니한 종은 많이 맞을 것이요 [48]알지 못하고 맞을 일을 행한 종은 적게 맞으리라 무릇 많이 받은 자에게는 많이 요구할 것이요 많이 맡은 자에게는 많이 달라 할 것이니라_눅 12:45-48

주인이 이를 때에 그 종이 그렇게 하는 것을 보면 그 종은 복이 있으리로다_눅 12:43

그렇다면 오늘 이 비유의 제목은 무엇으로 정하면 좋을까? 이 비유는 흔히 '신실한 청지기와 신실하지 않는 청지기의 비유'로 불리고 있다. 그러나 이것은 누가복음보다 마태복음의 비유에 더 적합하다는 생각이 든다. 예수님께서 "지혜 있고 진실한 청지기"눅 12:42라는 단어를 사용하셨다. 때문에 누가복음에서는 '지혜로운 종', 혹은 '지혜있고 진실한 종'이 더 적합해 보인다. 아니면, '지혜로운 종과 악한 종', 또는 '권위의 자리에 있는 종', '집안일을 맡은 종'과 같은 제목이 적합할 것으로 보인다. 이 비유는 유대인 종교 지도자들을 하나님의 진실하지 못한 종으로 그리면서 그들에게 경고의 메시지를 건네고 있다. 더 나아가서 모든 신자들에게 신실한 종이 될 것을 권면하고 있는 것이다.

서기관들과 바리새인들이 모세의 자리에 앉았으니_마 23:2

마태는 누가와 달리 이 비유를 재림의 비유로 제시하였다. 그래서 재림과 심판의 주제를 다루는 문맥 가운데 삽입한 것이다. 마태복음의 문맥에서 나타나는 마태의 주요 관심사는 예수님께서 어느 날에 오실지 그 날과 시는 아무도 모르지만, 예수님은 우리가 생각지 않은 때에 분명히 오실 것이라는 것을 보여준다. 그러나 누가는 주인으로부터 책임을 맡은 '종doulos'을 '청지기dikonomos'로 바꾸었는데, 서두만 그렇게 바꾸고 나머지 부분43, 45, 46절은 다시 '종'으로 쓴 것으로 보아, 누가가 어떤 것을 의도하고 있다는 생각을 갖게 된다. 사실 '청지기'란 단어는 누가의 애용어이며, 누가복음에만 총 8회나 나온다. 그 이유는 아마도 마태는 이 비유를 제자들과 일반 신도들에게 주는 비유로 제시하고 싶었고, 누가는 교회 지도자들과 중요한 책임을 맡은 사도들에게 주는 비유로 제시하고 싶었기 때문이다.

누가는 12:41에서 베드로의 질문을 의도적으로 삽입함으로, 두 번째 비유를 이끌어 가고 있다. 마태는 이 비유를 재림과 심판의 문맥에서 소개한 것에 반해, 누가는 이 비유를 전도 여행 부분에서 소개한다. 물론 그 앞의 비유는 '깨어 있는 종의 비유'눅 12:35-38이고, 뒤의 비유는 '밤중의 도적 비유'눅 12:39-40이기 때문에, 그리고 "생각하지 않은 때에 인자가 오리라" 눅 12:40는 말씀으로 미루어, 마태가 언급하는 예수님의 심판과 재림과 같은 요소가 전혀 없는 것은 아니다. 그러나 누가는 특별히 재림보다는 깨어 준비하고 있는 것에 초점을 맞추고 있으며, 예수님의 재림과 심판보다는 책임을 맡고 때를 따라 정한 양식을 주는 청지기의 신실성과 지혜로움을 더 강조하였다.

더 넓은 문맥에서 볼 때, '어리석은 부자의 비유'눅 12:13-21에서처럼 무엇을 먹고 마실까 염려하지 말고12:22-31, 너희는 너희의 소유를 팔아 구제하는 일에 힘쓰라눅 12:33는 점을 강조하고 있다고 볼 수 있다. 이러한 문맥에서 볼 때, 때를 따라 양식을 나누어 주는 청지기는 자기만을 위해 양식을 곳간에 쌓아두는 어리석은 부자와 다르기에 '지혜'로운 것이며, 자기 소유를 팔아 때를 따라 구제하는 일을 하는 참다운 '제자'의 모습을 보여 주고 있다. '소유'와 '재물'에 대한 신실하고 지혜로운 사용을 강조하는 누가의 관심이 이 비유에서도 아주 잘 나타나고 있다.

우리는 여기서 문화적인 관점으로서 동양의 가정을 이해할 필요가 있다. 주인이 모든 것을 관장하고, 그가 모든 권위를 소유한다. 그리고 그에게는 '청지기'라는 직분을 가진 종이 있었는데, 그는 주인의 관장 하에서 주인을 대표한다. 주인의 소유를 관리하고 집을 관장하는 책임도 가지고 있다. 그러나 그 직책은 여전히 종doulos으로서, 주인에게 절대적으로 복종해야 하는 주인의 대리인이다. 그러므로 당시 문화 속에서의 모든 종은 어느 정도 주인의 소유를 맡은 청지기였으며, 자기 주인의 뜻을 따라 집의 나머지 사람을 돌보고 먹이는 의무를 가지고 있었다. 여기서 우리가 '하나님의 집'이라는 단어를 쓰게 될 때 이는 모든 신자들에게 적용될 수 있음을 알 수 있다. 또한 교회의 모든 지체는 다른 지체에게 서로 책임을 져야 한다는 사실을 알 수 있다. 이는 가인이 말한 "내가 내 아우를 지키는 자니이까"창 4:9와는 대조되는 말이다.

지혜로운 종과 악한 종의 비유가 우리에게 주는 교훈을 살펴보자.

첫째, 책임은 은사에 따라 달라진다

책임과 은사는 지식과 기회에 비례하게 되어 있다. 왜냐하면 많이 받은 자에게는 많이 달라고 할 것이기 때문이다. 예수님께서는 우리에게 이미 우리가 하나님과 타인을 위해 사용할 수 있는 재능과 시간, 또 그것들을 사용해서 우리 자신을 성장시킬 수 있는 기회를 주셨다. 그럼에도 우리가 그것을 땅에 묻어 둔다면 한 달란트 받았던 종처럼 하나님의 엄중한 꾸지람을 면할 수 없을 것이다. 또한 우리에게 각기 다른 은사를 주셨다는 것은, 우리끼리 서로 비교해야 아무 의미가 없다는 것을 말해준다. 각자 맡은 대로 충성만이 요구된다. 맡은 자에게 구할 것은 오직 충성이기 때문이다.

그리고 맡은 자들에게 구할 것은 충성이니라_고전 4:2

우리에게는 게으를 권리가 없으며, 자기만을 위해 살 권리도 없다. 우리에게는 다른 사람을 위하여 살 책임이 있다.

이는 성도를 온전하게 하여 봉사의 일을 하게 하며 그리스도의 몸을 세우려 하심이라_엡 4:12
약한 자들에게 내가 약한 자와 같이 된 것은 약한 자들을 얻고자 함이요 내가 여러 사람에게 여러 모습이 된 것은 아무쪼록 몇 사람이라도 구원하고자 함이니_고전 9:22

또한 하나님을 위하여 살아야 할 책임이 있다.

그런즉 너희가 먹든지 마시든지 무엇을 하든지 다 하나님의 영광을 위하여 하라_고전 10:31

둘째, 일을 맡은 자에게는 더 큰 요구가 주어진다

여러분은 자기를 위하여 또는 온 양 떼를 위하여 삼가라 성령이 그들 가운데 여러분을 감독자로 삼고 하나님이 자기 피로 사신 교회를 보살피게 하셨느니라_행 20:28
2너희 중에 있는 하나님의 양 무리를 치되 억지로 하지 말고 하나님의 뜻을 따라 자원함으로 하며 더러운 이득을 위하여 하지 말고 기꺼이 하며 3맡은 자들에게 주장하는 자세를 하지 말고 양 무리의 본이 되라_벧전 5:2–3

'맡은 자'cleros라는 단어에서 '성직자'clergy라는 단어가 나왔다. 참으로 흥미로운 사실이 아닌가? 신약 성경에서 말하는 성직은 일을 맡은 자들이며, 그것은 모든 성도를 포함하는 단어라고 할 수 있다. 구역장, 성경공부 조장, 교사, 봉사자, 사역자를 모두 포함하는 말이다. 그러므로 그러한 사람에게 더 큰 책임이 주어져 있다는 사실을 기억해야 한다. 또한 이 책임을 맡은 사람들은 교회 안의 특별한 책임자 즉 감독, 목사, 장로들을 일차적으로 지칭하고 있음도 간과해서는 안 된다.

하나님의 말씀을 너희에게 일러 주고 너희를 인도하던 자들을 생각하며 그들의 행실의 결말을 주의하여 보고 그들의 믿음을 본받으라_히 13:7
너희를 인도하는 자들에게 순종하고 복종하라 그들은 너희 영혼을 위하여 경성하기를 자신들이 청산할 자인 것 같이 하느니라 그들로 하여금 즐거움으로 이것을 하게 하고 근심으로 하게 하지 말라 그렇지 않으면 너희에게 유익이 없느니라_히 13:17
가르침을 받는 자는 말씀을 가르치는 자와 모든 좋은 것을 함께 하라_갈 6:6

성도는 교회 내에서 서로 돕고, 서로를 섬기는 상호 사역을 해야 한다.

각각 은사를 받은 대로 하나님의 여러 가지 은혜를 맡은 선한 청지기 같이 서로 봉사

하라_벧전 4:10

베드로의 질문과 "그 집 종들을 맡아 때를 따라 양식을 나누어 줄 자"눅 12:42라는 말씀을 통해서 볼 때, 이 비유의 일차적인 대상은 예수님의 일반적인 제자라기보다는 '직분을 맡고 있는 자'이다. 주인이 없는 상황에서 다른 종들을 관리하는 임무인, 때를 따라 양식을 나눠 줄 책임을 맡은 종이 초점이 되고 있다.

누가복음 12:45의 '때리며cut him to pieces'라는 단어는 쿰란 문서에 따르면, '속한 무리로부터 의절한다cut him off from the midst of his people'는 의미를 갖고 있다. 또한 시편 37편의 "의인은 땅을 기업으로 받고 악인은 끊어지리라"는 말씀에서 볼 수 있듯이, 이는 아주 엄격한 징계를 의미한다. 일을 맡은 사람들에 대한 하나님의 기대는 '다른 이들을 보살피며 이끌고 가는 지도자의 역할'이다. 이 일을 위해서는 '충성'과 '지혜'와 '분별력'이 필요하다.

> 47주인의 뜻을 알고도 준비하지 아니하고 그 뜻대로 행하지 아니한 종은 많이 맞을 것이요 48알지 못하고 맞을 일을 행한 종은 적게 맞으리라 무릇 많이 받은 자에게는 많이 요구할 것이요 많이 맡은 자에게는 많이 달라 할 것이니라_눅 12:47-48

홍사중 씨가 쓴 「리더와 보스」라는 책을 보면, "보스는 자신의 이득을 최우선에 두지만, 성경적인 리더는 다른 이들을 보살피며 이끌고 가는 사람이다"고 말했다. 그러나 진정한 성경적 리더십은 '자신의 비전을 가지고 사람들을 이끌고 가는 것이 아니라 사람들을 하나님의 말씀으로 인도하는 것'이다. 헨리Henry와 리처드 블랙커비Richard Blackaby가 쓴 「영적인 리더십Spritual Leadership」에는 이런 문장이 나온다. "예수님은 비전을 내걸지 않으셨다. 대신 아버지의 뜻을 구했다. 분명한 비전이 있었지만, 그것은 아버지에게서 온 것이었다. 리더의 성품 중 가장 중요한 것은 하나님의 인정인데, 하나님의 인정을 받기 위해 리더가 할 수 있는 것은 아무 것도 없다. 단지 '순종'이 필요할 뿐이다."

셋째, 우리는 신실한 청지기나 신실하지 않은 청지기가 될 수 있다

"만일 그 종이 마음에 생각하기를"눅 12:45이라는 말씀은 신실한 자와 신실하지 못한 자, 한 사람을 지칭한다. 물론 우리 중에도 신실한 청지기, 그렇지 못한 청지기가 있다. 그러나 이 말씀을 다시 생각해 보면, 우리는 항상 신실한 청지기와 그렇지 못한 청지기 사이에서 번민하고 있음을 볼 수 있다. 매일의 삶 속에서 순간순간 선택하며 살아가는 우리의 모습이다.

누가는 자기 자신에게 말하고 있다. 우리는 어떤 때에 다른 사람에게 공개적으로 말하는 것보다 자신에게 말하는 것이 더 중요하고 위험한 것임을 알게 된다. 자신에게 하는 말은 바로 그 사람의 태도를 결정하기 때문이다. 그러한 사람은 더 나아가 그러한 태도를 가지고 다른 사람들, 자신이 섬겨야 할 동료들에게까지 폐를 끼치는 사람이 될 수 있다. 또한 그들은 하나님의 약속을 농담 정도로 여기는 수준에까지 가게 된다. 그리고 그들은 쾌락 때문에 다른 사람에게까지 잔혹한 행위도 서슴지 않는 것이다.

넷째, 모든 신자에게 필요한 것은 종말론적인 신앙관이다

예수님의 가르침은 이제 종말론적인 관심으로 전환되고 있다. 누가복음 12:35-48은 예수님의 재림을 준비하기 위한 훈계를 기록하고 있다. 또한 누가복음 17:20-18:8, 19:12-27, 21:7-36로 가면서 이 종말론적인 관심은 가르침으로 완성되어 가고 있음을 볼 수 있다.

우리는 현재 이 시점에서 예수님께서 다시 오실 미래를 바라보며 살 필요가 있다. 현재 우리가 하고 있는 모든 일은 내세와 연결되어 있다. 허리에 띠를 띠고, 등불을 켜두고 있다는 것은 바로 내세를 준비하는 것이다. 우리에게 있어서 현재는 미래를 준비하도록 주어진 것이다. 행동을 조심하고 바르게 살아야 하는 이유도, 바로 그날이 오면 우리의 모든 말과 행동은 전혀 하자가 없으며 오류가 없는 예수님의 말씀에 의해 심판받을 것이기 때문이다.

그런가 하면 우리에게 이러한 종말론적인 관점은 종말에서 현재를 보게 하는 것과도 관련이 있다. 종말의 시점에서 현재를 바라보면 우리는 어떤 것이 중요하며, 어떤 것이 의미가 없는 것인지를 분별하게 된다. 지금 우리가 하고 있는 일들에 대해서, 우리가 중요하게 여기며 많은 관심과 노력과 물질을 들이고 있는 모든 일들에 대해서 예수님께서 다시 오시는 그날, 평가받게 될 것이다. 주님은 우리의 행위대로 심판하실 것이다.

우리의 상급은 우리가 무슨 재료를 가지고 집을 지었느냐에 따라 달라진다. 자신만을 위해서, 자신의 가족만을 위해서, 자신에게 속한 것만을 위해서 현재를 살아가는 사람과, 하나님과 남을 위해 살아가는 사람들은 그 공력이 다르게 나타날 것이다.

예수님의 비유로 풀어 쓴 **천국 시크릿 05**

지혜로운 종과 악한 종의 비유

1. 책임은 은사에 따라 달라진다

예수님은 우리에게 하나님과 남들을 위해 사용할 수 있는 달란트를 주셨다. 그럼에도 우리가 그것을 땅에 묻어 둔다면, 한 달란트 받았던 종처럼 하나님의 엄중한 꾸지람을 면할 수 없을 것이다. 우리는 하나님을 위하여 살아야 할 책임이 있다.

2. 일을 맡은 자들에게는 더 큰 요구가 주어진다

'맡은 자'(cleros)라는 단어에서 '성직자'(clergy)라는 단어가 나왔다. 이는 목사, 장로, 구역장, 교사 등 교회의 모든 봉사자들을 일컫는 말이다. 교회의 모든 리더에게는 더 큰 책임이 주어져 있다는 사실을 기억하며, 서로 돕고 섬기는 상호 사역을 해야 한다.

3. 우리는 신실한 청지기나 신실하지 않은 청지기가 될 수 있다

우리는 항상 신실한 청지기와 그렇지 못한 청지기 사이에서 번민하고 있다. 매일의 삶 속에서 신실한 청지기가 되겠다는 결단이 필요하다.

4. 모든 신자에게 필요한 것은 종말론적인 신앙관이다

우리에게 있어서 현재는 미래를 준비하도록 주어진 것이다. 종말의 시점에서 현재를 바라보면, 우리는 어떤 것이 중요하고 의미가 있는 것인지를 분별할 수 있다. 예수님이 다시 오시는 그날을 바라보며 오늘을 살아야 한다.

06 열매 맺지 못하는 무화과나무 비유

1그 때 마침 두어 사람이 와서 빌라도가 어떤 갈릴리 사람들의 피를 그들의 제물에 섞은 일
로 예수께 아뢰니 2대답하여 이르시되 너희는 이 갈릴리 사람들이 이같이 해 받으므로 다
른 모든 갈릴리 사람보다 죄가 더 있는 줄 아느냐 3너희에게 이르노니 아니라 너희도 만일
회개하지 아니하면 다 이와 같이 망하리라 4또 실로암에서 망대가 무너져 치어 죽은 열여
덟 사람이 예루살렘에 거한 다른 모든 사람보다 죄가 더 있는 줄 아느냐 5너희에게 이르노
니 아니라 너희도 만일 회개하지 아니하면 다 이와 같이 망하리라 6이에 비유로 말씀하시
되 한 사람이 포도원에 무화과나무를 심은 것이 있더니 와서 그 열매를 구하였으나 얻지 못
한지라 7포도원지기에게 이르되 내가 삼 년을 와서 이 무화과나무에서 열매를 구하되 얻지
못하니 찍어버리라 어찌 땅만 버리게 하겠느냐 8대답하여 이르되 주인이여 금년에도 그대
로 두소서 내가 두루 파고 거름을 주리니 9이 후에 만일 열매가 열면 좋거니와 그렇지 않으
면 찍어버리소서 하였다 하시니라_눅 13:1-9

예수님의 비유 중 '열매 맺지 못하는 무화과나무 비유'는 누가복음에만 나오는 비유로, 이는 이사야 5장에 나와 있는 이스라엘 백성에 대한 하나님의 말씀을 생각나게 한다. 아마도 예수님께서는 이사야 5장을 염두에 두고 말씀하셨을 가능성이 있고, 이사야 5장을 적용한 것이라고도 볼 수 있다. 그렇다면 이 비유를 하나님과 그 백성과의 관계에 적용하여 살펴보자.

1나는 내가 사랑하는 자를 위하여 노래하되 내가 사랑하는 자의 포도원을 노래하리라
내가 사랑하는 자에게 포도원이 있음이여 심히 기름진 산에로다 2땅을 파서 돌을 제
하고 극상품 포도나무를 심었도다 그 중에 망대를 세웠고 또 그 안에 술틀을 팠도다
좋은 포도 맺기를 바랐더니 들포도를 맺었도다 3예루살렘 주민과 유다 사람들아 구
하노니 이제 나와 내 포도원 사이에서 사리를 판단하라 4내가 내 포도원을 위하여 행
한 것 외에 무엇을 더할 것이 있으랴 내가 좋은 포도 맺기를 기다렸거늘 들포도를 맺
음은 어찌 됨인고 5이제 내가 내 포도원에 어떻게 행할지를 너희에게 이르리라 내가
그 울타리를 걷어 먹힘을 당하게 하며 그 담을 헐어 짓밟히게 할 것이요 6내가 그것

을 황폐하게 하리니 다시는 가지를 자름이나 북을 돋우지 못하여 찔레와 가시가 날
것이며 내가 또 구름에게 명하여 그 위에 비를 내리지 못하게 하리라 하셨으니 7무릇
만군의 여호와의 포도원은 이스라엘 족속이요 그가 기뻐하시는 나무는 유다 사람이
라 그들에게 정의를 바라셨더니 도리어 포학이요 그들에게 공의를 바라셨더니 도리
어 부르짖음이었도다_사 5:1–7

누가복음 13장은 앞의 12장과 매우 긴밀하게 연결되어 있다. 누가복음 12:54에서 예수님은 사람들에게 말씀하고 계신다. 56절에서는 특별히 그 청중들의 영적인 무능력과 삶에 대한 오해를 질책하셨다.

외식하는 자여 너희가 천지의 기상은 분간할 줄 알면서 어찌 이 시대는 분간하지 못하느냐_눅 12:56

누가복음 12장에서 예수님의 질책을 들은 청중들은, "그때 마침"눅 13:1 빌라도가 갈릴리 사람들의 피를 제물에 섞은 것에 대해 언급한다. 이에 예수님은 다음과 같이 그들의 질문 배경이 어떻게 잘못되었는지를 말씀하신다.

2대답하여 이르시되 너희는 이 갈릴리 사람들이 이같이 해 받으므로 다른 모든 갈릴
리 사람보다 죄가 더 있는 줄 아느냐 3너희에게 이르노니 아니라 너희도 만일 회개하
지 아니하면 다 이와 같이 망하리라_눅 13:2–3

예수님은 실로암에서 망대에 치어 죽은 열여덟 사람에 대해서 말씀하신 후, 다음과 같이 똑같은 말씀을 다시 하셨다.

4또 실로암에서 망대가 무너져 치어 죽은 열여덟 사람이 예루살렘에 거한 다른 모든
사람보다 죄가 더 있는 줄 아느냐 5너희에게 이르노니 아니라 너희도 만일 회개하지

아니하면 다 이와 같이 망하리라_눅 13:4–5

그렇다면 이 비유가 나오기까지의 배경을 한 번 살펴보자. 예수님께서 사람들의 영적 무감각에 대해 꾸짖으시자, 그들은 자신들에게도 분별력이 있다고 말한다. 그러면서 그들은 빌라도가 갈릴리 사람의 피를 제물에 섞은 것은 죽은 그들이 누구보다도 더 큰 죄를 지었기 때문임을 입증해 주는 증거라고 주장했다. 이에 예수님께서는 실로암에서 생긴 사고를 덧붙이시면서 그들의 삶에 대한 생각이 잘못된 것임을 일깨워주려 하셨다.

오늘날 많은 사람들도 개인의 사악함 때문에 재난을 당하는 것이라고 쉽게 결론 짓는다. 그래서 재난을 당한 사람은 틀림없이 그 뒤에 무슨 죄가 있을 것이라고 생각하는 것이다. 물론 죄가 없는 인간은 없다는 점에서 그러한 판단이 전혀 틀린 것은 아닐 것이다. 그러나 하나님께서는 사람들을 그런 식으로 다루지 않으신다. 오히려 하나님께서는 사고나 재난으로 죽지 않아도 누구든지 회개하지 않으면 결국은 죽는다는 사실을 말씀하고 계신 것이다.

그런가 하면 우리가 어려운 상황을 접하게 될 때 우리는 그것을 하나님께서 예정하신 것으로 생각하는 경향이 있다. 이는 어려운 상황을 더욱 어렵게 만드는 것이다. 예수님께서는 "뜻이 하늘에서 이루어진 것 같이 땅에서도 이루어지이다"마 6:10라고 기도하셨다. 이것은 때론 하나님의 뜻이 이루어지지 않는다는 것을 인정하는 것이다. 우리가 기도하지 않으면, 하나님의 뜻이 이루어지지 않는다.

또한 우리가 종종 듣게 되는 "나무에 과일이 없어. 잘라 버려!"라는 위협은 하나님께서 발하시는 소리가 아니라 만물의 이치 속에 내재해 있는 소리인 것이다. 왜냐하면 우리는 기본적으로 도덕적인 세상에서 살고 있기 때문이다. 하나님께서 그렇게 만드셨다. 절망스러운 환경에 처했을 때 이것은 하나님의 뜻이라고 쉽게 결론짓는 것은 우리가 당하는 어려움을 너무 쉽게 하나님의 심판으로 간주해 버리는 것이다.

우리는 절망의 소리를 듣고서 무화과나무를 잘라버리려고 한다. 어느 때는 우리가 스스로 나무를 자르지는 않지만, 이런 심판을 내리는 것을 침묵하면서 묵인하기도 한다. 그러나 분명한 것은 하나님께서는 우리를 그렇게 다루지 않으신다는 사실이다. 우리가 절망적인 상황을 통해서 자신을 돌아보고 회개하려는 태도는 바람직하지만, 모든 재앙과 다른 사람의 아픔을, 혹은 자신의 풀리지 않는 모든 일을 쉽게 하나님의 재앙이나 징벌로 간주해 버리고 하나님의 예정으로 속단하는 것은 바람직한 것이 될 수 없다.

누가복음 13:1-5은 이 비유가 주어질 수밖에 없는 이유를 밝히고 있다. 그것은 단순한 서론이라기보다 이 비유가 보여주는 그림에 대한 실체를 보여준다. 또한 두 번씩이나 반복된 3절과 5절의 강한 선언을 통해 우리는 바로 다음에 나오는 이 비유의 결론을 만나게 된다. 따라서 이 비유는 선언적 결론에 대한 설명적 성격을 가지고 있다.

또한 이 비유 다음에는 '18년 동안이나 귀신이 들려 몸을 펴지 못하고 살았던 여인의 회복 사건'눅 13:11-17이 나오고, 이어서 '겨자씨와 누룩 비유'눅 13:18-21가 등장한다. 이것은 열매없는 무화과나무에게 자비를 간구하던 메시야가 지속적으로 이 땅에서 은혜를 펼치는 사역들이다. 18년 동안이나 귀신과 병으로 인하여 사람들로부터 소외되어 왔던 여인을 회복시켜 주시고, 시작은 미미하게 보이지만 나중에는 엄청난 규모로 크게 되어 모든 사람에게 영향을 끼칠 하나님 나라의 확장을 보여주고 계신다. 그리고 동서

남북으로부터 수많은 이방인들을 부르시는 사역이 나온다눅 13:29. 이들은 모두 나중된 자로서 하나님 나라에 먼저 되는 자들이며눅 13:30, 소위 '회개의 열매'를 가진 자들이다.

이제 이 비유의 내용을 누가복음 전체로 확장해서 살펴보자.

누가복음	내 용
3:9	세례 요한은 열매 맺지 못하는 나무는 잘라질 것을 경고함
6:43-45	예수님께서 평지에서 강해하실 때 좋은 열매를 맺을 것을 촉구함
8:4-15	씨 뿌리는 비유에서 이러한 사상은 더욱 발전하게 됨/ 어떤 씨앗이 결국 열매를 맺으며, 어떤 씨앗들이 열매를 맺지 못하는지를 분명하게 보여줌
13:6-9	이 비유를 통해 회개의 중요성과 회개의 열매를 맺지 못하는 자들의 운명을 분명하게 보여줌

이 비유는 마태복음 21장과 마가복음 11장에 나와 있는 말라 죽은 무화과나무와도 관련이 있다. 그러나 분명한 것은 마태복음과 마가복음의 말씀은 실제 일어난 사건이고, 누가복음의 말씀은 비유라는 사실이다.

무화과나무는 여러 가지 면에서 특별한 과일 나무다. 이 나무는 이스라엘 풍토에서는 누구든지 쉽게 접근해서 그 열매를 따 먹음으로 시장기를 면할 수 있는 서민적인 과일 나무다. 별로 수고하지 않아도 잘 자랄 뿐만 아니라 열매도 잘 맺는 다산적 과일 나무다. 관상용이나 재목용과는 거리가 멀며, 오로지 열매를 위해서만 심어지는 나무다.

가나안 땅에 많이 나는 일곱 가지 소산물이 있는데, 이는 밀, 보리, 포도, 무화과, 석류, 감람, 꿀이다. 그 중에서 과일은 네 가지로, 포도와 무화과, 그리고 석류와 감람이다. 이 네 가지 과일 나무 중 무화과나무는 가장 크게 자라는 나무이며, 무화과 즉 '꽃이 없는 나무'로 알려져 있다. 하지만 실제로는 꽃을 밖으로 드러내놓고 피우지 않고 속으로 피는 과일 나무다. 이 과일 나무가 다른 과일 나무와 다른 특징은 일 년 중 여러 번의 결실을 맺는다는 것이다. 5월 말에서 6월 중순, 8월 말에서 9월 중순, 10월 중순에서 11월 초에 이 나무의 과일을 거둘 수 있다. 그래서 1년 중 9-10개월 동안은 열매가 있는 것이 보통이다. 그리고 마지막 열매를 따면 겨울이 온다. 3월 초가 되면 다시 새 잎이 피어오르는데, 이스라엘에서는 사실상 봄과 가을이 없으므로 3월 초면 여름이 시작된다고 볼 수 있다.

> 그 가지가 연하여지고 잎사귀를 내면 여름이 가까운 줄 아나니_막 13:28

이 말씀은 실제로 맞는 말이다. 왜냐하면 5월부터 여름이 시작되기 때문이다.

> 멀리서 잎사귀 있는 한 무화과나무를 보시고 혹 그 나무에 무엇이 있을까 하여 가셨더니 가서 보신즉 잎사귀 외에 아무 것도 없더라 이는 무화과의 때가 아님이라_막 11:13

무화과나무는 잎이 무성한 나무다. 그래서 이 나무는 보통 3-10m의 크기인도의 파고다 무화과나무는 사방 90m의 그늘을 가진다.

많은 유대인 학자들은 창세기 3장의 아담과 하와가 먹은 선악과를 무화과나무라고 생각한다. 창세기 3:7에서 아담과 하와가 치마를 만들어 가린 잎이 무화과나무 잎이었다.

무화과나무 잎을 엮어 치마로 삼았더라_창 3:7

이뿐만이 아니다. 히스기야 왕왕상 20:1-7은 자신이 죽게 되었을 때 하나님께 기도함으로 생명을 연장하게 되었다. 그때 하나님께서는 히스기야 왕에게 이사야 선지자를 보내셔서 무화과나무 열매를 짓이겨 반죽한 후에 그것을 아픈 곳에 대고 싸맴으로 낫게 한 사실이 기록되어 있다.

무화과나무는 전통적으로 이스라엘의 상징으로 사용되어 왔다. 구약에서 무화과나무를 말할 때에는 이스라엘 민족의 운명과 관련한 언급이었다.

여호와의 말씀이니라 내가 그들을 진멸하리니 포도나무에 포도가 없을 것이며 무화과나무에 무화과가 없을 것이며 그 잎사귀가 마를 것이라 내가 그들에게 준 것이 없어지리라 하셨나니_렘 8:13

그러나 여기서 무화과나무가 이스라엘을 상징하고 있는 것은 분명하지만, 결국 열매를 맺어야 할 개인을 지칭하고 있는 것이다. 무화과나무의 이스라엘 상징성 때문에 다른 것들을 풍유적으로 해석하는 것은 잘못된 것이다. 예를 들어, 3년을 이스라엘의 전 역사 과정이나 예수님의 공생애, 세례 요한의 사역부터 시작되는 기간으로 본다든지, 포도원에 심긴 무화과나무를 이스라엘 안에 위치한 예루살렘이나 세상 가운데 있는 이스라엘 혹은 세상 가운데 있는 교회로 보는 것은 지나친 풍유적 해석이다.

솔로몬이 사는 동안에 유다와 이스라엘이 단에서부터 브엘세바에 이르기까지 각기 포도나무 아래와 무화과나무 아래에서 평안히 살았더라_왕상 4:25

위의 말씀과 같이 솔로몬 시대의 태평성대를 무화과나무로 묘사하는 표현이 있다. 여기서 왜 무화과나무가 평안을 상징했는지 정확한 이유는 알 수 없다. 하지만 그럴 만한 몇 가지 이유들을 찾아보자. 먼저, 무화과나무는 아주 맛있는 열매를 갖고 있었기 때문이다. '먹을 것이 있었다'는 말은 바로 편안히 살 수 있는 근거가 된다. 그런가 하면 무화과나무는 잎이 넓고 잘 우거져 훌륭한 그늘을 만들어 주었는데, 이 또한 중동의 불볕더위를 감안할 때, 좋은 그늘은 우리가 생각하는 것보다 훨씬 유용한 것이며 때로는 치명적인 피해를 막을 수 있는 수단이었다.

> 5여호와는 너를 지키시는 이시라 여호와께서 네 오른쪽에서 네 그늘이 되시나니 6낮의 해가 너를 상하게 하지 아니하며 밤의 달도 너를 해치지 아니하리로다_시 121:5–6

이스라엘 사람들에게는 무화과나무를 하나님의 말씀으로 생각하는 습관이 있었다. 씨가 아주 작아서 씨까지도 먹을 수 있는 무화과는, 종종 하나도 버리지 않고 모두 받아들여 순종해야 하는 하나님 말씀으로 비유되었다. 또한 그들은 무화과나무와 관련된 메시야 대망사상이 바로 평안의 삶과 어떤 관계가 있다고 짐작하였다. 예수님께서는 나다나엘을 "무화과나무 아래에 있을 때"요 1:48 보았다고 말씀하셨는데, 이는 나다나엘이 무화과나무 아래서 성경을 읽으며 메시야가 오기를 기다리고 있었던 것을 보여줌으로써 깨닫게 한다.

그렇다면 '열매 맺지 못하는 무화과나무의 비유'는 우리에게 어떤 교훈을 주는가?

첫째, 하나님께서는 주신 것에 대해서 반드시 요구하신다

우리는 앞의 비유를 통해 하나님께서는 많이 받은 자에게는 많이 찾을 것이요, 많이 맡은 자에게는 많이 달라할 것이라는 말씀을 살펴보았다. 이사야 5장의 말씀에 이 비유를 적용한다면, 포도원 주인은 심히 기름진 포도원 땅에서 극상품의 무화과나무를 심었다. 돌을 제거하고, 열매 맺을 수 있도록 최선의 준비를 다했다. 그리고 기다렸다. 때가 되어 열매를 기대했지만, 열매가 없자 예수님의 호소로 인해 일 년의 유예기간이 다시 주어졌다.

내가 삼 년을 와서 이 무화과나무에서 열매를 구하되 얻지 못하니_눅 13:7

주인이 무화과나무를 심자마자 열매를 구한 것은 아니다. 일반적으로 무화과나무는 심은 지 4년이 되어야 열매를 기대할 수 있다. 결국 이 말은 주인이 4년을 기다렸고, 그 후 3년이 더 지나갔다는 말이다. 원문에서 '구하되'가 현재형으로 사용되었다는 것은, 주인이 3년 만에 처음 왔다는 것이 아니고 3년 동안 계속적으로 방문했음을 의미한다. 그리고 심은 지 7년이 되기까지 정성을 다해 돌봐주었고 열매를 위해 기다렸다는 것이다.

하나님께서 우리에게 아무 것도 주지 않으시면서, 아무 것도 해주신 것이 없으면서 무엇을 요구하지는 않으신다. 우리가 어떤 요구를 받고 있다는 것은 하나님께서 우리에게 이미 주신 것이 있음을 의미한다. 다른 말로 하자면, 하나님께서 우리에게 은혜로 주신 것들은 주님의 뜻에 따라 쓰이고 사용되어지기 위해 맡겨진 것들이다.

둘째, 하나님께서 열매를 기다리시는 데에는 한계가 있다

하나님의 심판은 반드시 있을 것이다.

> 때가 오래 되었으므로 너희가 마땅히 선생이 되었을 터인데 너희가 다시 하나님의 말씀의 초보에 대하여 누구에게서 가르침을 받아야 할 처지이니 단단한 음식은 못 먹고 젖이나 먹어야 할 자가 되었도다_히 5:12

이 말씀은 하나님의 기대가 있고, 성장한 것이 드러나야 할 때, 기한이 있음을 말해 준다. 주인이 열매 맺지 못하는 무화과나무에 대해 "찍어버리라"눅 13:7는 표현을 쓴 것은, 단호한 심판을 의미한다. '찍어버린다'의 본래 뜻은 '파내버린다', '뿌리째 파내버린다'라는 뜻이다.

또한 과수원지기도 1년의 유예기간을 준 다음 그래도 열매가 없을 때에는 "찍어버리소서"눅 13:9라고 말하고 있다. 이는 심판의 불가피성을 보여준다. 하나님께서 참아주시는 기간이 있지만 때가 되면 결국 심판이 있다는 사실을 의식하며 살아가야 한다는 것이다. 이는 신자에게 있어서 매우 중요한 것이다. 맞고 돌아오는 것보다는 맞기 전에 돌아오는 것이, 아니면 맞을 일을 하지 않는 것이 훨씬 현명하다.

셋째, 우리가 열매를 맺지 못하면 그것으로 끝나는 것이 아니고 다른 지체에게 피해를 주게 된다

어떤 신자들은 자신의 열매 맺지 못함과 성장하지 못함에 대해 충고를 들으면 매우 싫어한다. 그리고 '내가 내 맘대로 살겠다는데 왜 간섭하며,

내가 그렇게 사는 것이 무엇이 문제인가?'라고 생각한다. 그러나 그 사람의 미성숙과 열매 맺지 못함이 공동체 안에서, 한 몸 안에서 그 사람의 문제로만 끝나지는 않는다.

누가복음 13:7에 나오는 "땅만 버리게 하겠느냐"의 '땅을 못쓰게 만든다'는 원어는 역시 현재형으로 기록되어 계속해서 땅을 버리고 있음을 시사한다. 다른 사람이 의식하지 못하고 별 생각없이 지나는 순간에도 그 무화과나무는 계속해서 땅을 버려놓고 있음을 말하는 것이다.

한 사람의 신앙적 퇴보는, 미성숙은 그 사람만의 문제로 끝나지 않는다. 반드시 내가 속한 공동체에 악영향을 주게 되어 있다. 다른 지체들에게도 해를 끼친다. 중립은 있을 수 없다. 남에게 해도 주지 않고, 나도 이익을 바라지 않는 중립은 한 공동체 안에서 있을 수 없다. 남에게 이익을 주지 못하고 있다면, 그것은 남에게 해를 끼치고 있는 것이다.

넷째, 간절히 열매를 고대하시는 예수님의 자비와 기대를 잊어서는 안 된다

사실 이 비유에서 포도원지기는 그 무화과나무가 열매를 맺지 못하는 것에 대해 아무런 책임이 없다. 그로서는 주인이 찍어 버리라고 하면, 그저 찍어버리면 그만이다. 그러나 그는 자기를 희생하는 제안을 하고 있다. 다시 일 년 동안 무화과나무 주위를 두루 파고 거름을 주어 잘 돌봐주겠다는 것이다. 포도원지기의 용감한 호소는 존경을 받아야 마땅하다. 왜냐하면 그가 이 나무를 버려두지 않고, 앞으로 계속 보살필 것을 약속했기 때문이다. 포도원지기는 자신의 희생을 약속하면서 무화과나무에게 기회를 주어야 한다고 말한다. 이것은 "누군가가 무엇인가를 해야 하겠다"라고 입으로만 말하는 자들과는 근본적으로 차이가 있다.

그런가 하면 그는 "열면 좋거니와"눅 13:9를 통해서 그의 마음을 확실히 보여주고 있다. '열면 좋거니와'는 원문에서 그 문장이 완전한 끝을 맺지 못하고 중간에 끊어진 것으로 되어 있다. 그러한 방법을 우리는 '돈절법'이라고 부른다. 목이 메어 말을 잇지 못하고 있다는 뜻이다. 이는 예수님의 안타까움을 나타낸다. "그렇게 해서라도 열매를 맺을 수 있도록 기회를 줍시다. 그러나 그럼에도 불구하고 열매를 맺지 못한다면, 그때에는 너무나도 안타깝지만 할 수 없이 심판을 내려야 할 것입니다."

예수님께서 순종도 하지 않고 더디 하며, 믿은 지 오래되었는데도 열매를 맺지 못하고 사는 우리를 위해 하나님께 간청하신다고 생각해보라. "금년에도 그대로 두소서. 이번 달에도 그대로 두소서. 오늘도 그대로 두소서." 우리가 그러한 예수님의 마음을, 간청하는 예수님의 모습을 볼 수 있다면 과연 지금 이 시간을, 오늘을, 한 달을, 일 년을 이대로 살아도 좋은가에 대해 다시 한 번 살펴야 할 것이다.

예수님께서 그렇게 기대하고 기다리시는 열매는 무엇일까? 그건 바로 "회개의 열매"다. 예수님께서는 말씀의 가치관에 따라 달라진 우리의 생각의 열매를 기다리고 계시며, 말씀에 따라 단 하나라도 변화된 우리의 삶을 기다리고 계시며, 우리를 통해서 한 영혼이라도 예수님을 알게 되어 우리를 통해 드리게 될 한 영혼의 열매를 오늘도 애타게 기다리신다.

예수님의 비유로 풀어 쓴 **천국 시크릿 06**

열매 맺지 못하는 무화과나무 비유

1. 하나님은 주신 것에 대해 반드시 요구하신다

하나님은 우리에게 아무 것도 주시지 않으면서 무엇을 요구하시지 않는다. 만약 어떤 요구를 받고 있다면, 이는 하나님이 우리에게 이미 주신 것이 있음을 의미한다. 하나님은 우리에게 은혜로 주신 것들이 주님의 뜻에 따라 사용되어지길 원하신다.

2. 하나님이 열매를 기다리시는 데에는 한계가 있다

하나님이 참아주시는 기간이 있지만, 때가 되면 심판이 있다는 사실도 알아야 한다. 맞고 돌아오는 것보다는 맞기 전에 돌아오는 것이, 아니 아예 맞을 일을 하지 않는 것이 훨씬 현명하지 않을까?

3. 열매를 맺지 못하면, 그 피해는 공동체 모두가 받는다

나 자신의 신앙적 퇴보는 결코 나만의 문제로 끝나지 않는다. 남에게 해도 주지 않고, 나도 이익을 바라지 않는 중립은 한 공동체 안에서 있을 수 없다. 내가 남에게 이익을 주지 못하고 있다면, 그것은 남에게 해를 끼치고 있는 것이다.

4. 열매를 기다리시는 예수님의 자비와 기대를 기억해야 한다

예수님이 그렇게 기대하고 기다리시는 열매는 바로 회개의 열매다. 말씀의 가치관에 따라 달라진 생각의 열매를 기다리시고, 말씀에 따라 단 하나라도 변화된 삶을 기다리신다. 또한 우리를 통해 한 영혼이라도 예수님을 알게 된 한 영혼의 열매를 기다리신다.

07 잃어버린 양의 비유

1모든 세리와 죄인들이 말씀을 들으러 가까이 나아오니 2바리새인과 서기관들이 수군거려
이르되 이 사람이 죄인을 영접하고 음식을 같이 먹는다 하더라 3예수께서 그들에게 이 비
유로 이르시되 4너희 중에 어떤 사람이 양 백 마리가 있는데 그 중의 하나를 잃으면 아흔아
홉 마리를 들에 두고 그 잃은 것을 찾아내기까지 찾아다니지 아니하겠느냐 5또 찾아낸즉 즐
거워 어깨에 메고 6집에 와서 그 벗과 이웃을 불러 모으고 말하되 나와 함께 즐기자 나의
잃은 양을 찾아내었노라 하리라 7내가 너희에게 이르노니 이와 같이 죄인 한 사람이 회개
하면 하늘에서는 회개할 것 없는 의인 아흔아홉으로 말미암아 기뻐하는 것보다 더하리라_
눅 15:1-7(마 18:12-14)

'잃어버린 양의 비유'는 마태복음 18장에도 기록되어 있다. 비유의 내용은 거의 같지만, 서로 다른 점들이 있다면, 누가복음의 '잃어버린 양의 비유'에는 목자가 등장하고, 한 마리의 양과 아흔아홉 마리의 양이 대조되는 단순한 비교 방법을 쓰고 있다. 또한 한 마리로 인한 기쁨이 아흔아홉 마리로 인한 것보다 크다는 역설법paradox을 사용함으로써, 순식간에 비유의 초점을 극적으로 뒤엎는 효과를 내고 있다.

먼저, 누가복음 15:3-7과 마태복음 18:12-14의 말씀을 서로 비교해 보자.

마태복음에 나오는 비유의 일차 청중은 예수님의 제자들이다. 그러나 누가복음에 나오는 일차 청중은 바리새인과 서기관들이다. 또한 마태복음 18장 전체는 작은 자, 혹은 잃은 양의 개념이 맥을 이루고 있다.

이 작은 자 중 하나를 실족하게 하면_마 18:6

이 작은 자 중의 하나도 업신여기지 말라_마 18:10

이 작은 자 중의 하나라도 잃는 것은 하늘에 계신 너희 아버지의 뜻이 아니니라 _마 18:14

이와 같이 마태복음의 어린 아이는 작은 자요, 잃은 양으로 묘사되고 있다.

마태복음의 '잃다planao-'go astray'는 신자가 죄를 짓고 타락하거나 나쁜 길로 잘못 나간 상태를 말하는 것으로, 이것은 신앙생활을 하다가 실족한 사람을 가리킨다. 반면, 누가복음에서의 '잃다apolumi'는 잃은 죄인이라는 의미에서 세리와 죄인들을 지칭하며, 잃어버려진 상태에 있는 것을 의미한다.

마태복음 18:12-14에 나오는 '잃어버린 양의 비유'는 "천국에서는 누가 크니이까"1절라는 질문에 대한 대답으로 주어졌다. 한 영혼도 소홀히 다뤄져서는 안 된다는 의미다. 그러나 누가복음 15:1-7의 '잃어버린 양의 비유'는 바리새인들의 비난2절에 대한 변증적인 성격으로 주어졌다. 왜 그들의 비난이 틀리며 예수님께서 죄인들을 영접하시고 그들과 식사를 함께 하시는지, 더 나아가 그의 사역의 목적이 무엇인지를 말씀하시는 것이다.

그러므로 마태와 누가는 서로 다른 요점을 가지고 있다. 마태는 교회 안에 있는 실족한 자나 범죄한 자에 대해 목자적인 심정을 가지고 그들을 대하라는 것을 그 요지로 하고 있다. 또한 잃은 양에 대해 계속적으로 목회적 관심을 가지고 돌보라고 말한다. 그들 중 한 영혼이라도 잃지 않도록 조심하라는 것이다. 만약에 하나라도 잃게 되었다면 반드시 찾으라는 것이다. 그러므로 마태복음에서는 잃은 양이 부각되는 어두운 분위기다. 그러나 똑같은 비유가 누가복음에서는 상당히 다른 상황에서 주어졌다. 누가는 밖에 있는 죄인을 찾는 목자의 기쁨을 강조하면서 죄인들과 함께 어울리시는 그리스도 사역에 대해 정당성을 부여하고 있다. 바로 누가복음 19:10의 "인자가 온 것은 잃어버린 자를 찾아 구원하려 함이니라"가 이 비유의 주제가 되고 있다. 이는 '회복'에 중점을 둔 것이며, "즐거워 어깨에 메고"눅 15:5라는 말씀을 통해서도 알 수 있듯이 '찾은 양'이 부각되는 밝은 분위기다.

예수님께서는 이 비유를 말씀하시기 전, 누가복음 14장에서 제자도의 엄격한 조건을 말씀하셨다. 건축과 전쟁에 대한 예화적 비유를 말씀하심으로, 예수님을 따르는 자는 예수님을 따르는데 드는 대가가 무엇인지 정확히 알고 따라야 한다고 말씀하셨다. 그리고 마지막 절은 "들을 귀가 있는 자는 들을지어다"눅 14:35로 결론을 맺는다.

이어서 누가복음 15장 1절은 "모든 세리와 죄인들이 말씀을 들으러 가까이 나아오니"로 시작하고 있는데, 여기에는 예수님을 비난하는 무리들에 대한 언급도 나타나고 있다. 그들은 예수님의 사역과 태도를 비난했다. 그래서 예수님은 비난하는 그들을 향하여 주님이 왜 죄인들을 영접하시며, 깊은 교제를 나누어야 하는지에 대한 이유를 말씀하시는 것이다.

총 30여 개에 이르는 예수님의 비유 중 구원을 다루고 있는 비유가 몇 개 있는데, 그 중 구원에 관한 세 개의 비유가 모두 누가복음 15장에 수록되어 있다. 어떤 해석학자들은 이 세 개의 비유를 성부, 성자, 성령의 모습을 그린 것으로 해석하기도 한다. '잃어버린 양의 비유'에서 목자는 성자 예수님의 모습을, '잃어버린 드라크마의 비유'에서는 잃어버린 드라크마를 찾는 여인을 성령님으로 해석하고, '잃어버린 아들의 비유'에서는 아버지를 성부 하나님으로 해석하려는 시도다.

물론 지금도 그렇게 설교하는 분들이 있기는 한데, 이러한 해석은 이 세 개의 비유를 너무 지나치게 풍유적으로 해석한다는 생각이 든다. 탁월한 비유 연구가 중의 한 사람인 예레미아스는 누가복음 15장을 '누가복음의 심장'이라고 말했다. 왜냐하면 이곳에 있는 세 개의 비유에는 '잃음, 찾음, 기쁨'이라는 세 개의 중심 단어가 모두 등장하기 때문이다.

이 비유를 제대로 이해하기 위해서는, 먼저 이 비유의 문화적 배경을 알아볼 필요가 있다.

가장 먼저 우리의 관심을 끄는 것은 바리새인들이 예수님에 대해 비판하면서 "죄인을 영접하고 음식을 같이 먹는다"눅 15:2라고 지적한 대목이다.

필자가 대학생이었을 때, 한 유대인과 친구로 지낸 적이 있었다. 나는 그를 친구로 생각하고 식사도 여러 번 대접했다. 또한 많은 시간을 함께 가졌다. 그러나 지금 생각해 보면, 그는 경제적으로 여유가 있었는데도 불구하고 나를 단 한 번도 식사에 초대한 적이 없었다. 나는 나중에 그에게 "왜 식사에 한 번도 초대하지 않느냐?"고 물었다. 그러자 그의 대답은 너무나 간단했다. 유대인이 어떤 사람을 식사에 초대한다는 것은 그를 평생 한 식구처럼, 지체처럼 지내기로 서약을 하는 것과 같기 때문이라고 했다.

오늘날에도 중동 사람들에게 있어서 식탁을 함께 나누는 것은 생명을 함께 하는 것을 의미한다. 식사에 초대하는 것은 평화와 신뢰와 형제애와 사죄를 제안하는 의미를 가지고 있다.

예수님께서 세리와 죄인들과 함께 식사하셨다는 것은, 그의 사명과 메시지막 1:27와 깊은 관련이 있음을 간과해서는 안 될 것이다. 예수님의 사명은 죄인들을 초대하여 구원을 베푸시는 것이며, 그 일을 위해 십자가에 죽으시는 것이었다. 그런가 하면 '함께 먹음'의 의미는 마지막 때에 있을 잔치를 예상하는 축제인 종말론적인 식사의 표현이다. 그 잔치에는 모든 성도들이 함께하게 될 것이다. 그리고 그러한 성도들의 공동체가 이미 지상에서도 그 역할을 맡고 있다고 볼 수 있다. 식탁 교제로 이룩한 구원 공동체에 죄인들이 들어와 있다는 것이야말로 구원하시는 하나님의 사랑의 메시지를 선포하는 가장 의미있는 표현이다.

> 볼지어다 내가 문 밖에 서서 두드리노니 누구든지 내 음성을 듣고 문을 열면 내가 그에게로 들어가 그와 더불어 먹고 그는 나와 더불어 먹으리라_계 3:20

옛날이나 지금이나 그곳의 귀족들은 그들의 관대함의 표현으로 가난한 사람들에게 음식은 주지만, 절대로 함께 식사를 하지는 않는 것이 보통이다. 더군다나 세리는 자기 나라를 지배하고 있는 로마 정부를 위해 일하는 유대인으로, 자기 백성들을 착취하는 사람으로 인식되었다. 유대인들은 그들을 이방인처럼 취급했고, 더러운 돈을 만지는 부정한 자들로 여겼기 때문에 그들과는 일체의 교제와 식사가 금지되었다. 그런데 예수님은 이러한 사회·종교·문화적 장벽을 허물고 죄인들을 영접하셨으며, 그들과 교제하셨던 것이다.

윌리암 바클리William Barclay는 "바리새인과 서기관 같은 유대인들은 세리와 창녀와 같은 죄인들은 회개하기보다는 차라리 심판을 받고 멸망하기를 바란다"고 말한 바 있다. 그러한 문화적 상황에서 예수님이 세리와 죄인들과 식사하신 것은 바리새인들에게는 절대로 이해가 되지 않는 충격적인 사건이었다. 또한 "이 사람이 죄인을 영접하고 음식을 같이 먹는다"눅 15:2는 비난으로 보아, 예수님은 아마도 그들과 식사만 함께하는 정도가 아니고 그들을 초대하셨을 가능성이 크다. 마가복음 2:15-16에서는 예수님께서 그들을 초청하신 것을 분명하게 말해 주고 있다.

> [15]그의 집에 앉아 잡수실 때에 많은 세리와 죄인들이 예수와 그의 제자들과 함께 앉았
> 으니 이는 그러한 사람들이 많이 있어서 예수를 따름이러라 [16]바리새인의 서기관들이
> 예수께서 죄인 및 세리들과 함께 잡수시는 것을 보고 그의 제자들에게 이르되 어찌하
> 여 세리 및 죄인들과 함께 먹는가_막 2:15–16

이제 또다른 문화적 문제를 살펴보자. 예수님께서 바리새인들에게 목자에 관한 비유를 말씀하신 것에도 특별한 문화적인 문제가 있었다.

바리새인들은 모세를 목자로 인정했고, 에스겔 34장에는 왕들이 목자로 언급되었다. 그런가 하면 시편 23편에서는 하나님께서 목자로 묘사되기도 했다. 성경에서 목자에 대한 비유는 이처럼 고귀한 상징으로 사용되었다. 그러나 1세기 그곳에서 양을 몰고 다니는 목자들에 대한 이미지는 그와는 많이 달랐다. 그들은 '땅의 사람들am haaretz'을 '바닥 인생'이라는 의미로 사용했다. 바리새인들은 이 단어를 죄인이나 율법을 지키지 않는 부도덕한 사람, 또는 양을 치는 일과 같이 금지된 직업에 종사하는 사람들을 지칭할 때 사용했다.

그렇다면 랍비들은 어떻게 구약의 목자들을 존경하면서, 동시에 이웃의 양을 치는 목자들을 멸시하는 이중구조를 가질 수 있었을까? 어쨌든 바리새인들을 대상으로 하는 이 비유는 그들의 정서에 큰 충격을 주었을 것이 분명하다. 왜냐하면 목자는 부정한 사람으로 인식되었기 때문에, 이 비유에서 목자로 상징되고 있는 자신을 받아들이는 일은 결코 쉽지 않았을 것이다.

예수님께서는 "너희 중에 어떤 사람이 양 백 마리가 있는데"눅 15:4라고 말씀을 시작하셨다. 그러나 이러한 시작은 유대인들의 감정을 건드리는 표현이었다. 만약 예수님께서 유대인들의 감정을 존중하면서 이 비유를 말씀하고 싶으셨다면, "너희 중에 어느 사람이 양 일백 마리를 소유하고 있는데 품꾼 목자가 그 중에 하나를 잃어버렸다는 소식을 듣게 되면 그 목자에게 찾으라고 명령하고 그렇지 못하면 변상하라고 요구하지 않겠는가?"라고 시작하셨을 것이다. 그러나 예수님께서 바리새인들을 향해 목자로서의 역할을 언급하시며 이야기를 시작하신 것이다. 이는 문화적으로나 신학적으로 예수님의 의도적인 결정이었다.

또 다른 문화적 · 언어학적인 고찰이 필요한 단어가 있다. 그것은 "(소유하고) 있는데"눅 15:4이다. 아람어는 수리아어와 아랍어처럼 '소유하다to have'는 동사가 없다. 헬라어의 '엑손exon'은 모든 동양어에서 '라lah'로 번역되었다. 헬라어의 동사 '엑소exo'에는 '위탁하여 관리하다hold in one's charge'의 의미도 있다. 그러므로 "양 백 마리가 있는데"눅 15:4는 "양 일백 마리를 돌볼 책임이 있는데"로 번역할 수 있다. 한마디로 이것을 꼭 '소유한다'로 볼 필요가 없다는 것이다.

팔레스타인, 수리아, 레바논에서 일백 마리의 양을 가질 정도의 부자는 모두 목자를 고용하든지 아니면 친·인척 중에서 덜 부요한 사람에게 양을 치도록 부탁하는 것이 보통이었다. 일반 가정은 보통 다섯에서 열다섯 마리의 짐승을 키웠는데, 이때 여러 가정이 합하여 한 목자를 고용하는 것도 흔히 있는 일이었다. 또한 대개는 사십 마리 정도까지는 자기 소유인 경우가 많았으나, 백 마리가 넘을 경우는 모든 양이 자신의 소유가 아닐 가능성이 높았다. 물론 목자가 꼭 고용인이어야 된다는 것은 아니다.

보편적으로 그 목자는 양을 맡긴 사람들의 친·인척일 수 있었다. 그렇게 되면 양을 잃은 목자는 자연히 그 양을 맡긴 모든 골육지체 앞에 책임을 느꼈을 것이고, 결과적으로 양 한 마리를 잃으면 가족 모두에게 손해가 미치는 것이었다. 반대로 잃은 양을 찾는 것은 모든 공동체의 기쁨이 되었다. 그래서 목자가 양을 찾아 돌아왔을 때 모두 함께 모여 기뻐할 수 있었던 것이다.

목자들은 적어도 하루에 한 번씩은 양을 세도록 되어 있었다. 그러나 백 마리 정도면 한 사람의 목자가 감당할 수 없어서 목자를 돕는 사람을 두어야 했다. 그가 아흔아홉 마리의 양을 놔두고 떠날 때는 아마도 보조 목자에게 맡기고 잃은 양을 찾으러 갔을 가능성이 크다. 이스라엘의 사막은 산으로 되어 있어 여기저기 벼랑이 있고, 들짐승에게 노출되어 위험했다. 그리고 밤에 길을 잃게 되면 맹수의 밥이 될 수밖에 없었다. 때문에 목자는 잃은 양을 찾기 위해서는 그 밤을 그냥 넘길 수 없었던 것이다.

예수님은 양을 발견한 목자가 양을 어깨에 메고 돌아왔다고 말씀하셨다. 이는 양에 대한 목자의 지극한 정성과 기쁨을 표현한 것이겠지만, 길을 잃은 양은 대개 두려움에 빠져 있는 것이 정상이다. 또한 헤매다가 거의 탈진한 상태임으로 목자가 양을 어깨에 메고 돌아오는 것은 당연히 필요한 조처였다.

양의 무게는 보통 30kg 정도인데, 목자가 양을 어깨에 메고 집까지 돌아오는 것은 그렇게 유쾌하고 가벼운 일만은 아니다. 길을 잃은 양의 상태를 학자들은 "길을 잃은 양은 무력하게 앉아서 조금도 움직이려 하지 않는다. 목자는 그 양을 강제로 끌다시피 해서 데려온다"고 말한다.

그렇다면 양이 길을 잃어버리게 된 것은 누구의 잘못일까? 우리는 '양이 길을 잃었다'는 수동태를 예상할 것이다. 그러나 원문은 능동태로 되어 있다. 이는 목자가 목자로서의 의무를 게을리함으로써, '양을 잃어버렸다부정 과거 능동태 분사'는 것을 의미한다. 결국 목자는 더더욱 책임의식을 가지고 양을 찾아야 했던 것이다.

그럼 '잃어버린 양의 비유'가 우리에게 주는 교훈을 살펴보자.

첫째, 잃어버린 영혼에 대한 새로운 관심을 가져야 한다

당시 바리새인들은 일주일에 한 번씩 회당에 출석했고, 십일조를 꼬박꼬박 내는 사람들이었다. 또한 모든 종교적인 관습과 의례적인 규례를 따라 살았다. 그래서 그들은 규례에 따라 구제도 하고, 정해진 시간이 되면 길을 가다가도 기도했다. 그들은 종교적인 형식에 있어서 아주 완벽했다. 그럼에도 불구하고 그들은 예수님의 비난을 받고 있었다. 그 이유는 바로 그들이 형식은 가지고 있었지만, 그 내용을 잃어버렸기 때문이다. 이처럼 우리도 자신을 돌아볼 수 있어야 한다.

왜 예배를 드리고 헌금을 하거나, 찬양하는가? 바리새인들은 그럴듯한 형식에 몰두하다가 잃어버린 영혼을 향한 하나님의 관심과 애정을 상실하고 만 사람들이었다. 만약 우리도 목적을 상실하고 형식에만 몰두하고 있다면, 우리의 신앙이 그들과는 다른 것이라 말할 수 있을까? 잃어버린 영혼에 대한 우리의 접근은 그들을 향한 관심으로부터 시작된다. 우리가 신앙인이 되었다는 것은 바로 잃어버린 사람들을 볼 때 다른 관심을 가지고 그들을 볼 수 있게 된 것을 의미한다. 우리의 삶에서 스치는 사람들을 바라볼 때 그 사람의 영혼을 보아야 한다. 예수님께서 잃어버린 한 영혼에 대해 그렇게 관심을 가지셨던 것처럼 우리도 그러한 관심을 가져야 한다는 것이다.

이 비유에서 목자가 찾으러 나섰던 양은 아무 양이 아닌 자신이 잃은 양, 바로 '자신이 알고 있었던 양'이었다. 그래서 4절에 보면 "그 잃은 것을 찾아내기까지 찾아다니지 아니하겠느냐"라고 말하면서 그가 잃어버린 그 양을 언급하고 있다. 그 당시 흔한 일 중에 하나가 어디를 가나 잃은 양을 만나게 된다는 것이었다. 그러나 목자는 아무 양이나 채우고자 한 것이 아니고, 이름까지 알고 있는 그 양을 찾아 나섰던 것이다. 요한복음 10장처럼 목자는 양의 이름을 다 기억하고 있었고, 그 양들은 목자를 따르는 동물들이었다.

우리를 향한 하나님의 생각도 이와 같다. 하나님은 우리 한 사람, 한 사람을 개별적으로 보신다는 것을 기억하라. 우리 하나하나를 소중한 한 영혼으로 보신다는 것이다. 우리가 성경을 보면서 감격하게 되는 것 중의 하나가 바로 이것이다.

예수님께서는 "삭개오야!", "마리아야!"라고 직접 부르셨고, 나다나엘이 무화과나무 밑에서 조용히 기도하고 있을 때 개인적으로 찾아가 그를 만나 주셨다. 우리가 다른 사람들에 대해 가져야 할 자세가 바로 이런 것이다. 한 영혼, 한 영혼에 대한 우리의 관심없이는 그들에게 복음을 전할 수 없다.

둘째, 복음은 단순히 제시하는 것으로 끝나면 안 된다

복음을 전하는 것은 단순히 복음을 제시하는 것만을 말하는 것이 아니다. 짐을 지는 양육의 과정을 포함한다. 이것은 바로 치러야 할 대가가 있다는 것이다.

그 잃은 것을 찾아내기까지 찾아다니지 아니하겠느냐_눅 15:4

여기서 목자는 잃어버린 양을 잠깐 한 번 찾아 본 것이 아니다. 시도에서 그치지 않았다. 목자는 양을 찾을 때까지 계속적으로 난관을 뚫고 그 영혼을 찾아낸 것이다. 그리고는 양을 어깨에 메고 집으로 돌아오는 수고를 아끼지 않았다. 전도 대상자에게 필요하다면 복음을 전하고, 편지를 쓰고, 좋은 책을 선물하며, 계속적인 관심을 가져야 한다. 그리고 그가 예수님을 영접하게 되면 계속해서 그의 신앙이 성장할 수 있도록 도와야 한다.

"어깨에 메고"눅 15:5에서 어깨는 복수형이다. 양쪽 어깨에 메고 왔음을 의미한다. 아마도 양은 목자의 어깨에서 굶주림과 피곤함과 상처를 잊고 평안과 안식을 누렸을 것이다. 전도란, 단순한 복음 전도로 끝나는 것이 아니고, 영혼을 찾아 나서는 것이고, 찾아서 기르는 것이다. 목자와 같은 계속적인 관심이 요구되는 것이다.

셋째, 예수님의 찾아나서는 사랑을 통해서 우리도 그러한 사랑을 실천해야 한다

예수님께서는 바리새인들의 왜곡된 견해를 부정하고, 잃은 양을 직접 찾아 나서는 모습을 보여주셨다. 예수님은 다른 사람들을 시켜서 찾지 않으시고 직접 찾아 다니셨다. 이것은 하나님의 아들이신 예수님께서 인간으로 직접 이 땅에 오셨고, 우리를 위해 기꺼이 십자가에 죽으신 것만 보아도 알 수 있다.

"말씀이 육신이 되어"요 1:14라는 말씀에 예수님의 모든 사랑이 잘 나타나 있다. 예수님께서는 우리가 죄 가운데서 고통 중에 있는 것을 방관하지 않으셨다. 우리에게 어떤 일정한 수준이 되면, 어떤 준비가 되면 직접 찾아오겠다고 말하지 않으셨다. 그는 직접 먼저 찾아오셨다.

요즘 '고구마 전도법'이 화제다. 이는 모르는 한 사람과 친분을 갖게 되면 집요하게 그 사람에게 맞게, 그리고 단계적으로 친해지는 전도법이다. 그리고 과정의 마지막에는 복음을 전하고, 하나님의 나라에 초청하는 것이다. 천하보다 귀한 한 영혼을 얻기 위해서 많은 시간과 정성, 아이디어와 때로는 물질까지 들여 자신이 정한 한 영혼에게 하나님의 말씀을 전하는 기회를 얻기 위해 모든 노력을 다한다. 한 영혼, 우리의 가족과 친척, 친구와 직장 동료, 그리고 이웃에게 지속적인 열정과 관심과 사랑을 쏟을 때 비로소 영혼을 얻는 기쁨을 맛보게 될 것이다.

예수님의 비유로 풀어 쓴 **천국 시크릿 07**

잃어버린 양의 비유

1. 잃어버린 영혼에 대한 새로운 관심을 가져야 한다

우리의 삶에서 스치는 수많은 사람들을 대할 때 그 사람의 영혼을 보아야 한다. 예수님이 잃어버린 한 영혼에 대해 그렇게 관심을 가졌던 것처럼, 우리도 그러한 관심을 가져야 한다.

2. 복음은 단순히 제시하는 것으로 끝나면 안 된다

전도란 단순히 복음을 전하는 것으로만 끝나는 것이 아니다. 한 영혼을 찾아 나서고, 기르며, 가르치는 것이다. 잃어버린 양을 찾아 어깨에 지고 집으로 돌아온 목자와 같이 말이다.

3. 목자가 직접 찾아 나선 것과 같은 사랑의 실천이 필요하다

예수님은 결코 죄 가운데서 고통 당하는 우리를 방관하시지 않으셨다. 성육신하신 예수님은 우리를 위해 십자가에 달리셨다. 우리도 한 영혼을 향한 사랑의 실천이 필요하다.

08 잃어버린 드라크마를 찾은 여인 비유

8어떤 여자가 열 드라크마가 있는데 하나를 잃으면 등불을 켜고 집을 쓸며 찾아내기까지
부지런히 찾지 아니하겠느냐 9또 찾아낸즉 벗과 이웃을 불러 모으고 말하되 나와 함께 즐
기자 잃은 드라크마를 찾아내었노라 하리라 10내가 너희에게 이르노니 이와 같이 죄인 한
사람이 회개하면 하나님의 사자들 앞에 기쁨이 되느니라_눅 15:8-10

누가는 누가복음에서 상당히 많은 짝을 만드는 방식으로 메시지를 제시했다. 바로 사가랴과 엘리사벳, 요셉과 마리아, 시몬과 안나, 사렙다 과부와 수리아 나아만, 겨자씨를 뿌린 남자와 밀가루 누룩을 넣은 여자, 잃은 양을 찾은 목자와 잃어버린 드라크마를 찾은 여인 등이 그 예다. 누가는 15장에서 구원에 관한 예수님의 비유를 설명하면서도 어김없이 남자와 여자를 대조시키고 있는 것이다.

'잃어버린 드라크마를 찾은 여인 비유'는 총 2절로 되어 있고, 예수님의 결론적인 말씀이 한 절 붙어 있다. 이 비유의 간결성은 미적인 운치를 더하고 있다. 예수님께서는 짧은 이야기를 통해 불안, 염려, 초조, 열심, 의기양양, 기쁨 등의 모든 감정을 응축하여 보여주신다.

먼저, 여기 이 비유에 나타난 문화적인 배경들을 살펴보자.

여기서 드라크마는 로마 화폐의 데나리온과 같은 것으로서, 군인이나 일꾼의 하루 품삯에 해당하는 돈이었다. 많은 사람들이 드라크마가 결혼 선물이었을 것이라고 설명하고 있으며, 그 선물은 머리 장식용으로 사용되었다고 보고 있다. 요즘으로 말하면, 결혼 다이아반지와 같은 역할을 한 것이다. 그렇기에 그것을 잃어버렸다면 당황과 불안에 빠지는 것은 두 말할 필요도 없었다. 그러나 이 드라크마의 문제는 여기서 좀 더 주의깊게 생각해 볼 필요가 있다.

이 드라크마의 의미와 사용은 그 여자가 유목민의 여자였는가, 아니면 농촌 마을의 여자였는가에 따라 달라질 가능성도 있기 때문이다. 베두인과 같은 유목민들은 보석 내지는 결혼 지참금으로 베일에 드라크마를 매달아 결혼 지참금으로 휴대하고 다니는 것이 보통이었다. 그러나 농촌 마을의 여자들은 목걸이에 드라크마를 매달고 다녔다. 목걸이에서 드라크마가 하나라도 빠지면 목걸이의 아름다움은 상실되기 때문에, 드라크마 하나의 가치로 계산될 수 없었다. 더군다나 자급자족의 농촌 사회에서 현금은 진기한 물건이었고, 드라크마의 금전적인 가치가 훨씬 더했을 것이다.

여자는 집안에서 잃어버린 드라크마를 찾는데 왜 등불까지를 동원했을까? 그 이유는 간단하다. 집 안이 어두웠기 때문이다. 당시 그곳의 가난한 사람들의 집에는 창문이 없었다. 그리고 환기를 위해서는 천정에서 몇 개의 돌을 빼야 했다. 그러므로 대낮에도 집안은 매우 어두웠고, 여자가 드라크마를 찾기 위해서는 등불을 켜야 했다. 또한 어둡고 울퉁불퉁한 바닥에서 드라크마를 찾는 가장 효과적인 방법은 비로 바닥을 쓰는 것이었다. 물론 마을에서 여자 농부의 활동 반경은 극히 제한되어 있었다. 때문에 집안에서 여자가 드라크마를 잃어버린 것에 대해 알고 있었을 것이다.

그리고 또 하나 더 생각해 볼 수 있는 것은 여자에 대한 것이다. 1세기 팔레스타인의 문화에서 예화에 여자를 쓰는 것은 도덕적인 결단을 요구했다. 유대인에게 목자는 금지된 직업이었고, 여자는 비천한 직위를 가진 것으로 인식되었다. 그래서 보수적인 마을에서는 대화의 주제가 '여자'를 언급하는 상황으로 바뀌게 되면, 화자는 반드시 '여자'라는 단어를 사용한다고 양해를 구해야 했다.

'잃어버린 드라크마를 찾은 여인 비유'에서는 '잃은 양을 찾은 목자 비유'에서보다 그 상대적 가치가 증가하고 있는 것을 볼 수 있다. '잃은 양을 찾은 목자 비유'에서 100분의 1이었던 것이 '잃어버린 드라크마를 찾은 여인 비유'에서는 10분의 1로 상대적 가치가 증가하고 있는데, 아마도 드라크마의 재정적 가치는 그 이상이었을 것이다.

또한 잃은 것을 찾는 장소가 더 한정적으로 바뀌고 있다. 넓은 광야에서 집안으로 바뀌었기 때문에, 이는 노력만 하면 찾을 수 있다는 확신이 강조된 상황이라고 볼 수 있다. 또한 이 비유에서는 회복의 짐이 생략되어 있다. 기쁨과 은혜, 그리고 회개 등의 주제만 나오고 있다. 왜냐하면 그것은 찾아서 회복시켜야 할 필요가 없기 때문이다. 그저 찾기만 하면 되는 것을 보여주고 있다.

강진구 교수가 쓴 「도교에 나타난 언어와 이미지 연구」를 살펴보면, 그는 도를 논할 수 없는 이유를 다음과 같이 설명하고 있다. "어떤 언어로 도를 최고 상위의 개념으로 논한다면 그 언어가 그 도보다 더 상위의 개념이기에 논할 수 없으며, 언어의 제한성 때문에 도를 논하는 것이 불가능하다. 언어를 사용하면 그 언어가 갖는 제한성 때문에 도가 제한을 받게 되기 때문이다."

사실 말로 표현할 수 없는 도道지만, 언어의 한계 내에서 독자들로 하여금 인식을 가능하게 만들었던 것은 노자가 적절한 비유를 사용했기 때문이라고 볼 수 있다. 예를 들어, 노자는 중국 역사상 최초로 무無의 절대개념을 추구하고 가르친 사람이었다. 그러나 도道와 마찬가지로 무無를 이해하기란 결코 쉽지 않다. 그러나 노자는 여지없이 비유를 통해 이 난해한 의미를 전달하는데 성공했다.

"反은 道의 움직임이고 弱은 道의 쓰임이다. 天下萬物이 有로부터 나왔고 有는 無에서 난다反者道之動 弱者道之用 天下萬物生於有 有生於無."

그런가하면 노자는 다음과 같은 비유도 사용했다.

"삼십 개의 바퀴살이 하나의 바퀴통에 함께 한다. 그 빈 것 때문에 수레를 사용할 수 있다. 진흙을 빚어서 그릇을 만든다. 그 빈 것 때문에 그릇을 사용할 수 있다."_老子 11장

예수님의 비유가 이러한 노자의 비유와 같을 수는 없다. 왜냐하면 노자가 말하는 최고의 내용인 도道는 비인격적인 것이며, 결국은 사람의 말이기 때문이다. 그러나 예수님의 말씀은 인격적인 것으로 성경을 말한다. 성경은 그 말씀이 곧 "하나님"이라고 하셨다. 하나님의 말씀은 영적인 것을 지나서 바로 하나님으로 묘사되고 있다. 그러므로 노자의 '도道'와 성경의 '말씀'은 근본적으로 다른 것임을 알 수 있다. 그러나 어느 정도의 공통점이 있음도 알 수 있다. 예수님께서는 천국을 묘사하는데 많은 비유를 사용하셨다. 어떤 교훈을 주시고자 하실 때 어김없이 비유를 사용하셨다. 그 비유들은 중요한 진리를 그림처럼 선명하게 보여 준다. 이런 점에서 예수님께서는 메시지 전달을 위해서 시각적 이미지를 사용하신 것이다.

반면 예수님의 비유들이 우리의 언어로 번역될 때 모두 사라져버린 운율은 청각적 이미지라고 볼 수 있다. 예수님께서는 대구법수사법상 단조로움을 없애고 문장에 변화를 주는 변화법의 한 가지, 교차대구법문장에서 통사구조가 동일한 2개의 어구나 절이 나란히 연속될 때 서로 대치되는 단어의 순서를 바꾸는 표현법 등의 기교를 사용하심으로, 그 메시지의 중심이 무엇이며 어떻게 쉽게 오래 기억할 수 있는지를 보여 주셨다. 이 짧은 비유도 다른 대부분의 비유처럼 교차대구법이 사용되고 있다. 예수님의 말씀을 듣고 있었던 사람들은 예수님의 비유를 마음 속에 직접 그리면서 들었을 것이고, 그들의 생활이 배경이었기 때문에 쉽게 이해할 수 있고, 또한 오래 기억될 수 있는 교차대구법으로 된 말을 속으로 따라하고 있었을 것이다.

결국 우리의 모든 결정은 우리에게 주어진 가치관대로 이뤄지게 되어 있다. 그러나 그러한 가치관은 여러 형태로 우리에게 들어와 형성되게 되었는데, 여러 가지 중에서 시각적인 이미지와 청각적인 이미지는 매우 중요한 역할을 하고 있다. 이는 우리가 광고를 보고 들을 때 우리에게 그 물건에 대한 어떤 이미지가 각인 되고, 어떤 결정을 내려야 할 때 그 이미지대로 결정하게 되는 것과 동일하다.

예를 들어, 대통령 후보들을 생각해 보자. 우리는 각 후보들에 대한 어떤 이미지를 인상으로 가지고 있을 것이다. 그런데 그 인상과 이미지는 그동안 그 사람들을 직접 만나서 갖게 된 것이 아니고, 그들에 대한 이야기나 글, 또는 뉴스 등을 통해 얻어진 간접적인 정보일 뿐이다. 하지만 그 간접적인 정보가 우리에게 어떤 이미지와 인상과 판단을 갖게 하고, 그것은 투표할 때 우리의 결정을 좌우한다. 예수님의 비유도 마찬가지다. 우리는 예수님의 비유를 통해서 그분이 말씀하시고자 하는 메시지를 받는다. 그리고 시각적인 이미지가 주는 메시지를 우리의 마음 속에 각인해 둠으로써 우리의 행동을 결정하는 데 중요한 역할을 하게 만든다.

이 비유를 마음 속에 한 번 그려 보자.

한 여자는 자신이 귀하게 생각하고 간직해 왔던 드라크마 열 개 중 하나를 잃어버린 것을 알게 되었다. 그 여자는 매우 당황하고 속상했을 것이다. 그리고 자신의 활동 반경으로 보아 그것은 분명 집안에서 없어졌을 것이다. 구조적으로 어두울 수밖에 없는 집 안에서 여자는 드라크마를 찾기 위해 등불을 켜고 빗자루를 들고 구석구석을 쓸며 잃어버린 드라크마를 찾고 있다. 얼마 동안을 그렇게 애를 썼는지 모르지만, 여자는 마침내 잃어버렸던 드라크마를 찾았다. 여자는 너무나 기뻐서 자신의 친구들과 이웃들을 불러 함께 기뻐했다.

그렇다면 예수님께서 이러한 비유들을 통해 우리에게 주시려는 메시지는 무엇일까?

> 이와 같이 죄인 한 사람이 회개하면 하나님의 사자들 앞에 기쁨이 되느니라_눅 15:10

이 비유들이 가르치고 있는 교훈은 바로 자비는 불행한 자들에게 손을 내밀고, 은혜는 죄인들도 받아주며, 그것은 잘못된 사람과 무가치한 사람과 보잘 것 없는 사람과도 함께 한다는 것이다. 그러나 누가복음 15장의 세 가지 비유는 단순한 반복이 아니다. 이는 진리의 다른 면을 보여주고 있는 것이다.

어쩌면 여자는 무엇을 사야 하는데, 꼭 열 드라크마를 주어야 그것을 살 수 있기에 모은 것일 수도 있다. 그런데 그 중에 한 드라크마를 잃어버렸다가 다시 그 여자에게 돌아왔다고 상상해보자. 그것은 그 돈이 다시 쓰일 수 있게 된 것, 다시 쓸모가 있는 존재가 되었다고 볼 수 있는 것이다. 죽었다가 다시 살아난 것과 같이 이제 다시 제 가치를 발휘할 수 있게 된 것을 의미한다.

여자가 드라크마를 둔 장소, 곧 주인이 드라크마를 쓰려고 할 때 즉시 주인의 손에 들어갈 수 있는 곳에서 주인의 필요에 따라 가장 유효하게 쓰일 수 있어야 하는 것처럼, 우리도 예수님의 온전한 관할 아래 있어야 비로소 그 가치가 있다. 나홀로 예수님을 떠나 있을 때에는 아무 가치도 없는 재와 먼지에 불과하나, 예수님의 손 안에 있어서 그가 쓰시는 바가 되면 비로소 생존의 의미가 있고 가치를 얻게 된다.

그런데 예수님께서 우리를 쓰실 때는 나만 쓰시는 것이 아니라 예수님께 속한 자 모두를 쓰시고 그 영광의 계획을 이뤄 가신다. 이와 같이 잃어버렸던 한 드라크마 주인은 그 드라크마를 다시 찾음으로써, 한 드라크마는 주인의 열 드라크마의 한 부분으로서의 가치를 회복함과 동시에 그로써 열 드라크마의 구매력을 온전하게 회복하는 것이다.

'잃은 양을 찾은 목자 비유'와 '잃어버린 드라크마를 찾은 여인 비유'는 방황하거나 잃어버린 것을 열심히 찾는 것에 강조점이 주어져 있다. 누가는 '잃은' 것을 다시 찾았을 때의 회복의 감격, 기쁨을 친구와 이웃들이 함께 나누어야 함을 강조하고 있는 것이다.

또한 누가는 다른 면의 강조점을 언급하고 있다. 그것은 예수님께서 '회개'가 필요한 한 사람에 대해서 말씀하고 계신다는 것이다. 예수님은 회복의 기쁨과 나눠져야 하는 기쁨, 그리고 회개의 필요성에 대해 말씀하신다. 그 기쁨은 너무 크기 때문에 친구들과 이웃들에게 나눠져야 하는 것이다. 이것은 고대 중동의 조그만 마을의 문화적인 상황을 잘 보여주고 있다. 그곳에서는 비밀이 있을 수 없다. 오늘날 거의 모든 학자들은 이 비유의 핵심 메시지를 '기쁨'으로 보는 경향이 있다. 세리나 죄인들과 같은, 일차적으로 잃어버린 사람들을 찾고자 하는 열망과 관련되어 있음을 보여주고 있다.

그렇다면 이 비유가 우리에게 주는 교훈을 알아보도록 하자.

첫째, 이 비유는 잃어버린 사람의 가치가 얼마나 대단한 것인지를 보여주고 있다

잃어버린 드라크마는 드라크마 자체에 가치가 있는 게 아니었다. 그래서 드라크마의 주인은 모든 일을 제쳐 놓고 드라크마를 찾는 것이다. 불을 켜서 집안 구석 구석을 찾는가 하면, 아예 비를 가지고 집안을 샅샅이 쓸면서 드라크마를 찾고 있다. 그가 할 수 있는 모든 것을 다하고 있다. 잃어버린 드라크마의 중요성은 그 드라크마의 값어치 자체에 있는 것이 아니었고, 드라크마의 주인이 얼마나 중요하게 여기고 있느냐에 달려 있다.

지금도 잃어버린 바 되어 우리의 공동체 안에 들어와 있지 않은 한 영혼은, 그 사람 자체가 중요하다기보다 바로 우리의 주인이신 하나님께서 한 영혼을 천하보다 중요하게 여기시기 때문에 중요한 존재다. 하나님께서는 잃어버린 한 영혼을 찾기 위해서 다른 모든 일을 제쳐 놓으시고, 그분이 하실 수 있는 모든 방법을 동원하여, 최선을 다해 찾을 때까지, 끝까지 노력을 아끼지 않는 분이시다.

이처럼 우리 삶의 자세와 교회 사역에 있어서도 예수님과 같아야 할 것이다. 우리가 가장 가치를 두고 최우선으로 해야 할 일이, 교회가 가장 관심을 가지고 어떤 일보다 앞서 해야 할 일이 바로 잃은 영혼을 찾아 나서는 것이 되어야 한다. 그러나 수많은 신자들의 관심과 수많은 교회들의 최우선 과제는 이와 다른 것을 보게 된다. 안타까운 일이 아닐 수 없다.

둘째, 잃어버린 것은 결코 잊혀진 것이 아님을 명심해야 한다

드라크마의 주인은 자신이 잃어버린 것이 어떤 것인지를 정확히 알고 있었다. 열 개의 드라크마 중 하나를 잃어버렸고, 그 잃어버린 드라크마를 찾았다. 그 주인에게 드라크마는 잊혀진 것이 아니었다. 그래서 9절에서 "잃은 드라크마를 찾아내었노라"고 말하고 있다. "이 세상에서 가장 불행한 사람은 바로 잊혀진 사람이다"는 말이 있다. 이는 버림받은 사람보다도 더 비참한 사람이다. 최고의 인기를 누렸던 연예인들이 가장 두려워하는 것이 바로 잊혀지는 것이다. 그래서 어떤 배우들은 그것을 참지 못하고 스스로 세상을 떠나기도 한다.

예수님께는 한 영혼도 잊혀진 존재가 없다. 한때 교회를 다니다가 그만 둔 사람들, 한때 열심히 예수님을 섬기다가 지금은 다른 곳에 가 있는 사람들, 한때 신앙에 관심이 있다가 지금은 전혀 관심도 없고 세상에 파묻혀 사는 사람들을 예수님은 결코 잊지 않고 계신다. 그리고 그들이 다시 돌아와 예수님의 사랑 안에 거하기를 간절히 기다리신다.

때로는 예수님께서 우리를 돌봐주지 않으시는 것 같고, 무관심한 것처럼 생각될 수도 있다. 그러나 그때가 바로 예수님께서 가장 깊은 관심으로 우리를 찾고 계시며, 우리 옆에서 지켜보고 계심을 확신해야 할 것이다. 오지에서 사역할 때 가장 힘든 것도 바로 나 자신이 다른 사람들로부터 잊혀졌다는 생각이 들 때였다.

셋째, 잃어버린 것을 다시 찾을 때 그 생존의 의미와 가치도 함께 회복된다

드라크마 열 개로 된 목걸이의 일부였든지, 아니면 어떤 것을 구입하기 위해 준비된 것이었든지 간에 그 드라크마가 잃어버린 채로 그저 어디에 숨겨져 있었다면, 그 드라크마는 존재의 의미와 가치를 누리지 못하고 있는 것이다. 그것을 다시 찾고 목걸이 안으로 들어올 때, 혹은 다시 구매력을 갖게 되었을 때 비로소 그 드라크마의 존재 의미와 가치가 회복된다. 인간이 홀로 버려져 있거나, 자신의 생각대로 살려고 예수님의 곁을 떠나 있을 때에는 그 존재의 의미를 가질 수 없다. 한마디로, 그가 갖는 가치를 누리지 못하는 것이다. 예수님과 올바른 관계에 있을 때에만 그 의미와 가치를 누릴 수 있게 된다.

잃은 양이 발견되면 목자가 힘과 노력을 들여 어깨에 메고 와서 양의 지친 몸을 회복시키며, 상처가 있다면 치료를 해야 정상적인 양으로서 생활하게 될 것이다. 그러나 잃어버린 드라크마는 그 드라크마가 찾아지는 순간 다시 자신의 존재 의미와 가치가 회복된다. 이처럼 우리도 예수님께 발견되는 순간 우리의 존재 의미와 가치가 바로 회복되는 것이다.

우리의 어떤 노력도 필요가 없다. 오직 예수님 안에 있을 때 우리의 가치가 회복된다. 이 말씀은 우리가 예수님과 관계가 없거나 그와의 교제권에서 벗어나 있다면, 우리의 가치는 우리가 가진 것과는 상관이 없다는 말이다. 우리의 존재 의미와 가치는 바로 우리가 예수님과 함께 있을 때에만 보장된다.

넷째, 다시 찾음에 대한 회복의 기쁨은 반드시 나눠져야 한다

주인에게 그토록 가치가 있는 존재였다면, 그것을 다시 찾았을 때 그 기쁨은 대단할 수밖에 없다. 드라크마의 주인에게 그 기쁨이 얼마나 대단했던지, 그는 친구들과 이웃들에게 그 기쁨을 반드시 나눠야만 했다.

사실 잃은 양의 비유에서 그 친구들과 이웃들에게는 잃은 양을 다시 찾았다는 것에 대해 어떤 이해관계가 있었을 수도 있다. 왜냐하면 그 양이 바로 자신의 양일 수도 있기 때문이다. 그러나 이 비유에서 드라크마는 사실 여자의 친구들이나 이웃들에게 직접 관련된 것은 아니었다. 드라크마를 잃어버리고 다시 찾았다고 해서 이웃들에게 어떤 의미가 있는 것은 아니라는 얘기다. 그러나 드라크마를 찾은 여자에게는 그것이 너무도 대단한 기쁨이어서, 그 여자는 가만히 앉아 있을 수 없었다. 너무도 기쁜 나머지 그 기쁨을 친구들과 이웃들과 함께 나누고 있는 것이다.

예수님께서는 죄인 하나가 회개하면 하나님의 사자들 앞에 기쁨이 된다고 말씀하심으로, 그 기쁨을 하늘 나라와 천사들에게까지 확대하셨다. 하나님의 마음을 가장 잘 알고 있는 천사들은 어떤 때 기뻐해야 할지를 잘 알고 있다. 그들이 기뻐한다는 것은 하나님께서 가장 기뻐하시는 일이 어떤 것이며, 그분을 따르는 사람들이 왜 그 기쁨을 함께 나눠야 하는지를 보여준다.

어떤 때 가장 기뻐하는가? 내가 마음먹은 일을 성취했을 때, 계획한 것이 그대로 되었을 때, 월급이 올랐을 때, 성적이 올랐을 때, 갖고 싶었던 것을 드디어 갖게 되었을 때만 기뻐하지는 않는가? 어떤 때 가장 기뻐하는가를 살펴보면 자기 신앙의 현주소를 알게 된다. 그런 일들이 우리에게 기쁨을 주시는 하나님의 선물인 것을 부정하고 싶은 것은 아니다. 그러나 우리가 예수님의 제자라면, 우리가 가장 기뻐해야 할 것과 예수님께서 가장 기뻐하시는 것이 같아야 할 것이다.

예수님께서 가치를 두고 계시는, 한 영혼이 돌아오는 것을 함께 기뻐하자. 아니 잃어버린 한 영혼을 우리의 공동체로 이끌기 위해서 노력하자.

예수님의 비유로 풀어 쓴 **천국 시크릿 08**

잃어버린 드라크마를 찾은 여인 비유

1. 잃어버린 한 영혼의 가치는 천하보다 귀하다

하나님은 잃어버린 한 영혼을 찾기 위해서 다른 모든 일을 제쳐 놓고, 하나님이 하실 수 있는 모든 방법을 동원하여 끝까지 노력을 아끼지 않으셨다. 우리의 삶과 교회의 사역도 이와 같아야 한다.

2. 잃어버린 한 영혼을 결코 잊지 말아야 한다

한때 교회를 열심히 다니다가 지금은 다른 곳에 가 있는 사람들, 열심히 봉사하다가 지금은 세상에 파묻혀 사는 사람들을 예수님은 결코 잊지 않고 계신다. 예수님은 지금도 그들을 찾고 계시며, 지켜보고 계신다.

3. 한 영혼을 다시 찾을 때 그 생존의 의미와 가치도 함께 회복된다

잃어버린 드라크마를 다시 찾는 순간, 드라크마의 존재 의미와 가치는 바로 회복된다. 이처럼 잃어버린 한 영혼도 예수님께 다시 돌아오는 순간 그의 존재 의미와 가치가 바로 회복된다.

4. 회복의 기쁨은 반드시 나누어야 한다

예수님은 죄인 하나가 회개하면, 하나님의 사자들 앞에 기쁨이 된다고 말씀하셨다. 우리가 예수님의 제자라면, 예수님과 함께 한 영혼이 돌아오는 것을 기뻐해야 할 것이다. 더 나아가 예수님과 함께 한 영혼을 찾기 위해 노력해야 할 것이다.

09 잃은 아들 비유 I

-둘째 아들을 중심으로-

11또 이르시되 어떤 사람에게 두 아들이 있는데 12그 둘째가 아버지에게 말하되 아버지여 재산 중에서
내게 돌아올 분깃을 내게 주소서 하는지라 아버지가 그 살림을 각각 나눠 주었더니 13그 후 며칠이 안
되어 둘째 아들이 재물을 다 모아 가지고 먼 나라에 가 거기서 허랑방탕하여 그 재산을 낭비하더니 14
다 없앤 후 그 나라에 크게 흉년이 들어 그가 비로소 궁핍한지라 15가서 그 나라 백성 중 한 사람에게 붙
여 사니 그가 그를 들로 보내어 돼지를 치게 하였는데 16그가 돼지 먹는 쥐엄 열매로 배를 채우고자 하
되 주는 자가 없는지라 17이에 스스로 돌이켜 이르되 내 아버지에게는 양식이 풍족한 품꾼이 얼마나 많
은가 나는 여기서 주려 죽는구나 18내가 일어나 아버지께 가서 이르기를 아버지 내가 하늘과 아버지께
죄를 지었사오니 19지금부터는 아버지의 아들이라 일컬음을 감당하지 못하겠나이다 나를 품꾼의 하나
로 보소서 하리라 하고 20이에 일어나서 아버지께로 돌아가니라 아직도 거리가 먼데 아버지가 그를 보
고 측은히 여겨 달려가 목을 안고 입을 맞추니 21아들이 이르되 아버지 내가 하늘과 아버지께 죄를 지
었사오니 지금부터는 아버지의 아들이라 일컬음을 감당하지 못하겠나이다 하나 22아버지는 종들에게
이르되 제일 좋은 옷을 내어다가 입히고 손에 가락지를 끼우고 발에 신을 신기라 23그리고 살진 송아지
를 끌어다가 잡으라 우리가 먹고 즐기자 24이 내 아들은 죽었다가 다시 살아났으며 내가 잃었다가 다시
얻었노라 하니 그들이 즐거워하더라 25맏아들은 밭에 있다가 돌아와 집에 가까이 왔을 때에 풍악과 춤
추는 소리를 듣고 26한 종을 불러 이 무슨 일인가 물은대 27대답하되 당신의 동생이 돌아왔으매 당신
의 아버지가 건강한 그를 다시 맞아들이게 됨으로 인하여 살진 송아지를 잡았나이다 하니 28그가 노하
여 들어가고자 하지 아니하거늘 아버지가 나와서 권한대 29아버지께 대답하여 이르되 내가 여러 해 아
버지를 섬겨 명을 어김이 없거늘 내게는 염소 새끼라도 주어 나와 내 벗으로 즐기게 하신 일이 없더니 30
아버지의 살림을 창녀들과 함께 삼켜 버린 이 아들이 돌아오매 이를 위하여 살진 송아지를 잡으셨나이
다 31아버지가 이르되 얘 너는 항상 나와 함께 있으니 내 것이 다 네 것이로되 32이 네 동생은 죽었다가
살아났으며 내가 잃었다가 얻었기로 우리가 즐거워하고 기뻐하는 것이 마땅하다 하니라_눅 15:11-32

누가복음 15:11-32의 비유는 기록상 남아 있는 예수님의 비유들 중 가장 긴 비유이고, 신자들에게 가장 큰 감동을 주는 비유다.

비유의 제목을 무엇으로 잡을 것이냐는 가장 중요한 인물이 누구이며, 가장 핵심적인 메시지를 무엇으로 볼 것이냐를 결정한다. 만약 이 비유의 결정적인 인물determiner을 아버지로 볼 경우, 둘째 아들은 제 1반응자가 되고 맏아들은 제 2반응자가 된다. 반면 탕자를 중심인물로 볼 경우, 아버지가 제 1반응자가 되고 맏아들은 제 2반응자가 된다. 물론 이 비유를 탕자의 비유로 보는 것보다 아버지를 초점 인물로 보아 '은혜로운 아버지 비유'로 보는 사람들도 적지 않다.

누가복음 14:15-24의 '큰 잔치 비유'에서 도무지 기대할 수 없는 사람들이 잔치에 들어가고, 자신만만해 하는 사람들은 잔치에 들어가지 못하는 비유를 들었을 때, 세리들과 죄인들에게는 복된 소식이었을 것이고, 바리새인들과 서기관들에게는 슬픈 소식이요 기분 나쁜 소식이 되었을 것이다. 그래서 이어지는 누가복음 15장에서는 세리들과 죄인들이 예수님의 말씀을 듣기 위해 나아왔고, 바리새인들과 서기관들은 예수님을 원망했던 것이다. 예수님은 이러한 원망에 대해 자신의 행동을 변호하시면서 죄인들에 대한 하나님의 은혜로운 태도를 설명하시려고 이 비유를 말씀하셨다.

누가복음 15:3에서 세 개의 비유들을 "이 비유"라고 지적한 것으로 보아 세 개의 비유가 하나의 메시지를 갖고 있음을 알 수 있다. 어쨌든 이 비유는 몇 가지의 제목으로 불리고 있다.

첫째, '둘째 아들, 탕자 비유'이다. 라틴어 성경에서는 '타락한 아들de filio prodigo'이라 했고, 독일 교회에서는 '잃었다가 다시 찾은 것눅 15:24, 32'으로 보았으며, 신학자 불트만Bultman은 '잃은 아들의 비유Der Verlorene Sohn'라고 말했다.

둘째, '맏아들, 불평하는 형의 비유'이다. 신학자 당커Danker는 '기뻐하지 않는 형의 비유'라고 제목을 정했다.

셋째, '둘째와 첫째 아들'이다. 이는 누가복음 15:11에서 "어떤 사람에게 두 아들이 있는데'에서 그 제목을 정한 것이다.

넷째, '어떤 아버지'이다. 신학자 예레미아스Jeremias는 '아버지의 사랑의 비유'라고 정했다. 또한 슈바이처는 "이 비유는 아버지에게서 시작해서 아버지로 끝나고 있고 두 부분11-24절, 25-32절을 통합시키고 있다"고 말하면서, 앞의 두 비유의 초점 인물이 양과 드라크마를 잃은 사람들이라면 세 번째 이야기도 아들을 잃은 사람이 주체가 되어야 한다고 주장했다.

다섯째, '아버지와 두 아들'이다. 아버지가 비유의 전 상황을 주도하고 있으나, 그렇다고 해서 두 아들이 없으면 이야기가 되지 않기 때문에 이 세 사람을 모두 비유의 제목으로 포함한 것이다. 그러나 나는 이 비유의 제목이 '잃은 아들 비유'가 되어야 한다고 생각한다.

누가복음 15장에는 의도적으로 같은 중심 메시지를 가진 세 비유가 등장한다. 잃은 양, 잃은 드라크마, 잃은 아들. 그래서 '잃은 아들 비유'가 더 적절하다는 것이다. 그리고 다시 그 잃은 아들은 집 밖의 잃은 아들과 집안의 잃은 아들로 나눠진다.

이 비유의 문맥은 누가복음 15:1-2과 15:29-30이다. 일반적으로 알려진 것은 첫째 아들을 바리새인과 서기관으로, 둘째 아들을 세리와 죄인들로 관련짓는 것이다. 그러나 스캇B.B. Scott이 지적하듯이 맏아들을 바리새인과 서기관으로 동일시하는 데에는 문제가 있다. 왜냐하면 맏아들은 바리새인과 서기관처럼 부정적이지는 않기 때문이다. 또한 그가 아버지의 재산을 소유한 자이며, 그도 아버지 사랑의 대상이기 때문이다.

예수님께서는 누가복음 15장에 나오는 세 개의 비유 중 세 번째 비유에서 좀 더 구체적이고 노골적으로 적대자들을 공격하신다. 세 번째 비유의 대상은 양이나 드라크마가 아니다. 그리고 무언가를 잃어버린 사람, 즉 주인의 양을 치는 목자나 남편에게 예속된 여자가 아닌, 한 집안의 가장이 언급되고 있다. 그는 누구에게도 예속되어 있지 않고, 누군가의 눈치를 보며 의무를 행할 필요도 없는 사람이다. 그는 자신의 권력을 행사할 수 있는 사람이었다.

많은 사람들은 일반적으로 이 비유에 대해 이렇게 오해한다. 그것은 바로 "하나님은 인간의 구원에 대해 속수무책이시다"는 것이다. 왜냐하면 이 비유에서 아버지는 아들의 귀환을 고대하지만, 직접 찾아 나서거나 돌아오도록 유인하지도 않았기 때문이다. 오히려 이 비유에서는 죄인이 돌아오는 문제에 있어서 스스로 큰 힘을 가진 것처럼 보인다. 다시 말해 모든 것이 아들의 소관에 달려 있는 것처럼 보인다는 것이다. 그러나 이 비유는 앞의 두 비유와 관련하여 해석해야 한다. 그렇다고 해서 어떤 때에는 하나님께서 죄인을 찾으시고, 어떤 때에는 찾지 않으신다는 해석도 잘못된 것이다. 우리는 세 가지 비유가 동일한 가르침을 주고 있다는 사실에서부터 이 오해를 풀어가야 한다.

앞의 두 비유에서는 죄인을 직접 찾아다니시는 하나님의 행위가 묘사되어 있고, 세 번째 비유에서는 죄인의 회개와 회심의 성격이 잘 나타나 있다. 그러므로 세 가지 비유 속에서 단독으로 구원의 모든 면이 드러나는 것이 아닌, 세 가지 비유를 함께 살핌으로 구원의 다른 면을 지적하고 있는 것이다. 그렇다고 양이나 드라크마를 소재의 특수성으로 보아 회개를 묘사할 수는 없다. 그러나 결론부에서는 어김없이 "죄인 한 사람이 회개하면"눅 15:7과 "죄인 한 사람이 회개하면"눅 15:10이 동일하게 언급된다. 회개를 염두에 두신 비유인 것을 알 수 있다. 또한 세 번째 비유에서 구원의 인간적인 측면이 강조되고 있는 것은 확실하지만, 구원이 하나님의 기적적인 간섭과 찾으심 없이는 있을 수 없음을 분명히 보여주고 있다.

이 네 동생은 죽었다가 살아났으며 내가 잃었다가 얻었기로_눅 15:32

죽은 존재에 대해서는 오직 하나님만이 부활을 이루실 수 있음을 보여주고 있다. 한 사람의 회개는 하나님이 그 안에서 그의 일을 시작하셨음을 의미하고, 하나님이 찾으셨다는 것은 바로 그 안에 거듭남의 기적을 이루셨음을 의미한다.

이 비유에 대한 다른 오해들도 있다. 1915년 밤톤 강의Bamton Lectures의 강사였던 라쉘Hastings Rashall은 '이 비유는 회개하는 모든 죄인들을 용서하시는 사랑의 아버지 비유'라고 말하면서 속죄없는 복음의 근거가 된다고 주장했다. 그래서 그는 바울이 십자가가 구원에 필요하다고 말함으로써 본래 단순했던 메시지를 왜곡했다고 주장했다.

이슬람교도 이 비유를 설명할 때 탕자가 구원자없이, 십자가없이, 고통없이 구원받았다고 설명한다. 이는 성육신과 십자가와 부활없이도 구원이 임한다는 것이다. 그래서 그들은 누구든지 아버지께로 돌아오기만 하면 구원받는다고 주장한다. 그래서 스타트John Stott는 이에 대해 돌아온 탕자의 소식이 마을 전체에 들렸을 때 모종의 처벌이 불가피했으나 아버지가 자식을 처벌하기보다 자신이 위엄 있는 걸음걸이 대신 주책없이 달려감으로써 거리의 조롱을 감수하는 고통을 당했다는 점을 지적하였다. 결국 이 비유는 곧고다 십자가의 사랑을 가르친다고 말했다The Cross of Christ, 223. 그러나 이 비유는 용서하시는 하나님을 다루지만, 조직신학적인 용서론을 포괄적으로 다루는 것으로 볼 필요가 없다. 세리와 죄인들과 교제하시는 예수님을 보고 원망하는 바리새인, 서기관들의 의식을 뜯어 고치고, 죄인들에 대한 하나님의 태도를 핵심적으로 보여주기 위해 하신 비유이다.

비유가 십자가에 대해 직접적으로 언급하지 않는다고 해서 십자가가 필요없다는 것은 '침묵으로부터의 논증argument from silence'으로, 잘못된 것이다. 입을 다물고 있는 사람의 속생각을 자기가 원하는 대로 해석한다면 그것은 하나의 주관적인 해석일 뿐이지, 입을 다문 그 사람의 의미는 아닌 것이다. 정말로 구원에 십자가가 필요없다면, 이 비유를 말씀하신 예수님께서 왜 예루살렘으로 올라가시기로 굳게 결심하시고눅 9:51, 그곳에 가셔서 결국 십자가에서 피를 흘리셨는가눅 22-23장를 깊이 생각해 보아야 할 것이다.

이 비유에 대한 또 다른 오해도 있다. 그것은 이 비유를 풍유적으로 해석하는 것이다. 맏아들을 천사로, 둘째 아들과 함께 거하던 백성들을 마귀로, 가장 좋은 옷은 그리스도의 의로, 가락지를 용서의 확신으로, 신발을 하나님과 동행하는 은혜로, 종들을 그리스도의 사역자들, 살진 송아지를 예수님의 만찬으로 해석하는 것이다. 이러한 해석은 이 비유를 근거도 없이 풍유적으로 해석함으로, 이 비유에 대한 오해를 만드는 경우다.

이 비유에 나타난 문화적인 요소들을 살펴보기 위해 먼저 당시의 재산분배에 대해서 알아보자. 두 형제는 미혼이었다. 당시 유대인의 일반적인 결혼 나이가 18-20세였음을 감안한다면, 두 아들들은 17세가 넘지 않았을 것이다. 그리고 두 형제의 재산분배는 신명기 21:17에 의거한 장남과 차남의 재산분배 비율2:1로 주어졌을 것이다. 그렇다면, 둘째 아들이 탕자라고 불리는 이유의 근거를 찾아보자. 둘째 아들이 그의 아버지에게 요구한 "아버지 저에게 유산을 주십시오"는, 당시 그곳 사람들의 문화로 해석할 때 "나에게 필요한 것은 아버지가 아니고, 아버지가 소유하고 있는 재산입니다. 아버지가 빨리 죽어야 유산이 내게 돌아 올 텐데 왜 빨리 죽지 않는 겁니까?"라고 말하는 것과 같았다. 미쉬나Mishina에는 유산 상속은 반드시 아버지가 죽은 다음에야 받을 수 있다고 되어 있고, 어떤 경우에도 아버지가 죽기 전까지는 분배된 재산권이라 할지라도 행사할 수 없다고 되어 있다. 물론 죽기 전에 재산을 상속한 성경의 예가 있기는 하다.

> [5]아브라함이 이삭에게 자기의 모든 소유를 주었고 [6]자기 서자들에게도 재산을 주어 자기 생전에 그들로 하여금 자기 아들 이삭을 떠나 동방 곧 동쪽 땅으로 가게 하였더라

_창 25:5-6

그러나 바로 다음 절에서 아브라함은 175세로 죽게 된다. 이것은 그가 죽기 직전에 재산 분배를 했다는 의미다. 또한 히스기야 왕은 이사야 선지자에게 "너는 집을 정리하라 네가 죽고 살지 못하리라"왕하 20:1는 말을 듣게 된다. 그런데 여기서 '정리하라'는 말은 재산 상속을 포함하는 말로서, 죽기 직전에 자녀들에게 재산을 상속하라는 의미를 가지고 있다.

이런 문화적 배경 속에서 청중들이 유산을 달라는 둘째 아들의 요구를 들었다고 생각해 보라. 그들이 흥분할 것은 불을 보듯 뻔하다. 또한 받은 유산을 다 팔아 먼 나라로 갔다는 것은 아버지와의 관계를 영원히 끊어 버렸음을 의미하기 때문에 더욱 충격적이었다. 이것은 부모와 자녀의 깨어진 관계, 즉 하나님과 죄인의 깨어진 관계를 보여준다. 유산을 처분했다는 것은 어떤 의미인지 구체적으로 살펴보자. 아버지가 유산을 나누어 주었어도 재산권은 여전히 아버지에게 있었다. 그러므로 자식이 받은 유산을 가지고 할 수 있는 것은 아무 것도 없었다. 그 유산으로 무엇을 사면 판 사람은 그의 아버지가 죽을 때까지 기다려야 돈을 받을 수 있었다. 그러므로 그것을 감안해서 현금을 요구했을 것이기 때문에 그는 그 유산을 정리하는 과정에서 이미 아버지의 재산에 엄청난 손해를 입혔다. "며칠이 안 되어"눅 15:13는 당시 재산 처분이 수개월에서 수년이 걸리는 경우가 보통이었는데, 이는 급히 처분했음을 보여주는 것이다. 또한 상당한 손해를 감수했을 것을 내포한다. 아마도 동네 사람들의 구설수에 오르는 것을 피하기 위해서라도 신속하게 처분하지 않았을까.

이처럼 당시 문화적 상황에서 볼 때 둘째 아들의 죄는 생각보다 훨씬 심각했다. 아버지가 살아계시는 동안에 하는 유산 요청은 곧 아버지의 죽음을 바라는 불경스러운 요청이요, 재산을 받아도 아버지 생전에는 처분할 수 없었는데도 불구하고 많은 손해를 감수하면서까지 서둘러서 아버지와의 관계를 끊고 떠났기 때문이다. "아버지가 그 살림을 각각 나눠 주었더니"눅 15:12는, 결국 아버지가 그의 삶 전부, 그의 삶 자체를, 그의 아들들에게 나누어 주었다는 의미다. 그리고 둘째 아들은 그 받은 전부를 가지고 아버지 곁을 떠나버린 것이다.

"그가 그를 들로 보내어 돼지를 치게 하였는데"눅 15:15는 우리가 유대인이 아니기에 그 말의 정확한 의미를 파악하는 것이 힘들 수도 있다. 그러나 둘째 아들은 유대인들의 관점에서 볼 때 가장 치욕적이고 추한 일을 하게 된 것이다. 유대인들은 일반적으로 돼지 치는 자를 저주하였다. 지금도 이스라엘의 유치원에서 아이들에게 가장 무서운 동물을 그리라고 하면 대부분의 아이들이 돼지를 그린다. 이는 레위기 11장에 나타난 부정한 짐승 중의 하나가 바로 돼지이기 때문이다. 그래서 돼지 치는 자가 되었다는 것은 유대인에게는 있을 수 없는 치욕이며, 이방인의 종이 되어 동족들을 욕되게 한 것이다. 또한 율법이 금한 돼지까지 침으로 하나님의 백성으로서의 신분까지 포기한 것을 의미한다. 결국 둘째 아들의 이러한 행동은 영적으로는 아브라함의 아들 신분을, 그리고 육적으로는 아버지의 아들로서의 신분을 상실한 것이다. 그래서 아버지는 그가 돌아왔을 때 "내 아들은 죽었다가 다시 살아났으며 내가 잃었다가 다시 얻었노라"눅 15:24고 말하는 것이다.

또한 여기에 등장하는 '쥐엄 열매'는 중동 지역의 들이나 산에서 자라는 일종의 야생 콩이다. 쥐엄 열매carob에는 두 종류가 있는데, 하나는 '야생 쥐엄 열매'로 이것은 땔감으로 쓰였다. 이는 먹기에도 힘든 것이었다. 맛이 쓰고 별 영양가도 없어 극심한 기근 때나 먹었다. 또 하나는 '수리아 쥐엄 열매Syrian carob'다. 이것은 맛이 있고, 보통 사람들도 즐겨 먹었던 열매다.

그러나 둘째 아들은 돼지에게나 주었던 야생 쥐엄 열매마저도 주는 사람이 없어 먹지 못하고 있었던 것이다.

여기서 우리는 그가 그렇게까지 어렵게 되었는데, 왜 동족들을 찾아가지 않았을까 라는 의구심이 생긴다. 그 당시 팔레스타인 지역에는 약 4백만 정도의 흩어진 유대인들이 있었다. 이스라엘에 거주하는 인구가 약 50만 정도였으니까, 8배나 많은 사람들이 흩어져 살고 있었고, 그들은 항상 동족을 도와줄 준비를 하고 있었다. 그러나 둘째 아들은 타국에서도 유대인과 상종하지 않았으며, 유대의 종교적인 삶을 살지도 않았음을 보여 주고 있다. 그는 철저한 자유를 위해 그들과 어떠한 교제도 하지 않았던 것이다. 그러나 그의 자유는 물질적, 윤리적, 종교적 파산을 몰고 왔다.

둘째 아들은 몰락에 처하자, 비로소 자신을 돌아보게 되었다. "스스로 돌이켜"눅 15:17에 대해 예레미아스Jeremias는 '회개'로 보는 것이 일반적이라고 소개한다. 그러나 그것을 회개로 보지 않는다고 하더라도 전환점이 된 것은 사실이다. 결국 그의 궁핍, 흉년, 고독이 그로 하여금 자신을 돌아보게 만들었다.

이제 누가복음 15:20-24에서 돌아온 아들을 맞이하는 아버지의 모습을 살펴보자. 당시 이스라엘의 가옥들은 마태복음 5:14에 나타난 것처럼, "산 위에 있는 동네"가 흔했다. 그래서 사람들이 먼 곳에서 오는 것을 쉽게 볼 수 있는 위치였고, 아버지는 멀리서 둘째 아들이 돌아오는 것을 보자 달려 내려갔던 것이다. 이는 죄인들의 돌아옴에 대해 달려 나오시는 하나님의 모습을 보여준다. 처음에 청중들은 그렇게 버릇없고 매정하게 떠나는 둘째 아들 때문에 충격을 받았을 것이고, 이번에는 아버지의 너무도 예외적인 환대 때문에 충격을 받았을 것이다.

"아직도 거리가 먼데"눅 15:20는 둘째 아들이 집을 떠난 후 아버지는 그가 돌아오는 것을 기다리면서 계속 지켜보았음을 의미한다. "측은히 여겨"눅 15:20는 누가복음 10장에도 나오는 단어로서, 죄인을 향한 하나님 아버지의 마음을 표현하는 것이다. 그 어원적 의미는 하나님 아버지의 심장이 움직이는, 내장이 반응하는, 삶 전체가 반응하는 긍휼의 마음을 보여준다. "달려가"눅 15:20는 동양적인 체면도 고려하지 않고 뛰어나가는 아버지의 모습을 말하고 있다. 당시 나이 든 어른이 동네에서 그렇게 뛰어가는 것은 매우 부끄러운 행위였다. 우리나라 유교적 전통 속에서의 "양반은 물에 빠져도 개헤엄은 안 친다"는 말이 있는데, 그 문화권에서도 이와 유사했다.

그러나 사실상 그곳의 상황에서는 뛰기 힘든 다른 이유들도 있었다. 첫째, 날씨 때문에 뛰는 것이 쉽지 않았을 것이다. 그곳은 보통 온도가 섭씨 40도 이상이고, 1947년 사해 근처는 섭씨 54도까지 올라간 적도 있다. 둘째, 의복의 구조 때문에 뛰는 것이 어려웠을 것이다. 통으로 두른 옷을 입고 뛰는 것은 힘든 일이다. 셋째, 그들은 땅을 거룩하게 여겼기 때문에 뛰는 것은 어려운 일이었다. 주전 2세기, 벤 시락이라는 사람은 "사람의 걸음걸이는 그 사람의 됨됨이를 말해 준다"고 말했고, 아리스토텔레스는 "위인은 공중 앞에서 결코 뛰지 않는다"고 말했다. 땅을 거룩하게 여기는 사람들이 그 땅에서 뛸 수는 없다는 것이다.

"입을 맞추니"눅 15:20는 여러 번 키스했다는 것을 보여준다. 볼에 키스를 한 것으로 보아 동양에서 아버지는 아들과 동등하지 않음을 보여주고 있다. 그러나 종이 아니고, 아들이라는 점에서 동등하다고 볼 수 있다. 아버지가 둘째 아들을 종으로 여겨졌다면, 그는 주인의 손이나 발에 했어야 할 것이기 때문이다. 또 "목을 안고 입을 맞추니"눅 15:20에서 알 수 있는 것은 둘째 아들이 죄를 고백도 하기 전에 아버지는 아들을 용서로 받아들였음을 볼 수 있다. 여기서 아버지의 선취적인 행동이 돋보인다. 아들이 준비한 고백이 끝을 맺기도 전에눅 15:21, 그리고 아들의 요청과 관계없이 아버지가 아들을 받아들이고 있는 것이다. 오메라Robert O'Meara는 당시 문화적인 상황을 고려해 볼 때 동네 사람들의 몰매를 막기 위해서 아버지가 그의 아들을 받아들인다는 표시로 키스와 포옹을 했을 것이라고 해석하였다.

유대인의 파문조치excommunication는 다음과 같은 사람에게 주어졌다. 첫째는 부도덕한 여자나 창녀들과 동거하는 사람, 둘째는 귀한 유대 재산을 이방인들과 함께 탕진하는 패륜아, 셋째는 유대의 전통 신앙을 거부하는 자였다. 그들은 호두나 땅콩 같은 딱딱한 열매를 그 집 문전에서 깨뜨리면서 그가 공동체에서 떨어져 나간 자임을 선언했다. 유대인의 회개 절차는 매우 까다로웠다.

만약 재입문reentry requirement을 하려면 상실한 재산에 대한 보상을 해야 했는데, 그것은 대개 노동으로 이뤄졌다. 그리고 자기 죄를 공동체 앞에서 공개적으로 고백해야 했다. 그리고 회개의 진실함과 자신의 가치를 공동체가 인정할 때까지 본래 가졌던 사회적 신분은 보류되었다. 그런데 이 비유에서는 그러한 절차도 필요 없었다. 돌아온 아들에게 좋은 옷과 반지, 그리고 신발이 주어졌다. 그 아들의 신분은 완전하게 회복되었으며, 다시 한 가족이 되었음을 보여준다. 돼지보다도 못했던 신분에서 아들로서의 회복이 이루어진 것이다. 특히 옷은 한 가족이며 아버지와 같은 권한을 갖게 되었음을 말해주고, 반지는 아들로서의 권위를 가졌음을 의미하며, 신발은 그의 신분이 종이 아닌 주인으로 바뀌었음을 의미했다.

아버지는 "살진 송아지"눅 15:23를 잡고 있는데, 염소나 양이 아닌 이유는 마을 사람들을 모두 초대하기 위함이었다. 그것은 동네의 모든 사람들과의 화해를 위해서도 필요한 것이었다.

"쥐엄 열매"눅 15:16는 또 다른 의미가 있었다. 유대 문헌 레위기 랍바에서 랍비 아카Acha는 쥐엄 열매를 먹는 것이 회개의 행동이라고 가르쳤다. 그는 "사람이 곤궁하게 되어야 비로소 회개한다"고 말했다. 그러므로 청중들은 탕자가 누가복음 15:16-17에서 "쥐엄 열매"를 먹게 되었을 때, 비로소 그가 정신이 들겠구나라고 생각했을 것이다. 또한 "이에 스스로 돌이켜"라는 표현은 사실 "그가 그에게 돌아왔다"는 의미다. 한마디로 그가 제정신으로 돌아왔다는 것이며, 이것은 회개를 표현하는 유대적 관용구라고 볼 수 있다.

탕자가 아버지를 떠나 밑바닥을 경험하고 회개하고 돌아온 것은 유대인들의 불순종을 상기시켰다. 그들은 스스로 하나님과의 관계를 끊고, 먼 나라에 가서 살게 되었으며바벨론 유수, 돼지우리를 경험하고서야 돌아오게 되었고, 그 다음에야 회개신 4:30, 렘 31:9했던 것이다.

> 이 모든 일이 네게 임하여 환난을 당하다가 끝날에 네가 네 하나님 여호와께로 돌아와서 그의 말씀을 청종하리니_신 4:30

히브리어에는 '회개'라는 단어가 없다. 오로지 '돌이키다', 혹은 '돌아오다'라는 단어가 있을 뿐이다. 그래서 니느웨 사람들의 회개가 "그들은 저마다 자기가 가던 나쁜 길에서 돌이켰다They turned from their evil ways"고 표현된 것이다. 그러므로 회개의 의미는 누가복음 15:20의 "이에 일어나서 아버지께로 돌아가니라"는 것이며, 이것은 '돌아옴'과 '관계 회복'을 모두 의미한다.

이 비유가 우리에게 주는 메시지가 무엇인지 정리해보자.

첫째, 자신이 선택한 자유에 대해서는 스스로 책임을 져야 한다

아버지를 떠나는 삶은 내려가는 삶이다. 아마도 둘째 아들은 가족과 함께하는 판에 박힌 일상이 지겹다고 생각했을 것이다. 그래서 큰 결심을 하게 되고, 자신에게 돌아올 재산을 가지고 아버지와의 모든 관계를 떠나 혼자 살려고 했다. 신앙생활이 얽매인 것 같아 한 번쯤은 신앙을 접고 떠나보면 어떨까 하고 생각한 적이 있는가? 아니면, 타락한 후에 많이 얻어맞고 확실한 신앙을 가지게 된 사람의 이야기를 들으면서 답답한 자기 신앙과 비교한 끝에 나도 저렇게 한 번 해볼까 하는 호기심이 생겼는가?

탕자의 떠남은 아버지와의 관계를 끝내는 것이었고, 형제의 관계, 그가 속한 공동체와의 관계를 떠나는 것이었다. 스스로 모든 관계를 끊고 떠났다면 마땅히 모든 책임도 스스로 져야 한다. 대가는 반드시 치루게 되어 있다. 둘째 아들은 재산을 다 잃어버렸고, 신분은 종보다도 낮아졌다. 또한 그들이 그렇게도 수치스럽게 여기는 돼지를 치는 사람으로, 즉 돼지만도 못한 처지로 전락했다. 그는 사회적, 윤리적, 종교적으로 처참한 수준에까지 내려가야 했다. 마치 요나가 하나님의 명령에 불순종하고 자신의 길을 갔을 때 그의 삶은 계속 내려가는 삶이었던 것과 같다. 그는 다시스로 내려갔고, 다시 배 밑창으로 내려갔으며, 마지막으로 바다 밑까지 내려갔다.

둘째, 자신의 계획을 갖고 있는 것은 진정한 회개가 아니다

누가복음 15:17의 "이에 스스로 돌이켜when he came to his senses"는 '그가 그 자신에게 돌아왔다'는 의미로서, 누가복음 18:4의 "속으로 생각하되"라는 표현과 같은 의미다. 이것을 회개라고 보기에는 힘든 면이 있다. 왜냐하면 이것은 어떤 돌아섬이나 마음을 바꾸는 것, 혹은 생각을 바꾸는 것을 말해 줄 뿐이기 때문이다. 그러므로 이것은 일반적인 회개와는 다른 것이다. 둘째 아들은 자신이 아버지의 돈을 잃은 것이 잘못이라고 여긴 것이다. 바로 이 대목이 회개의 의미를 다시 생각하게 한다.

당시 그곳에는 세 종류의 종이 있었다. 첫째는 '둘로스'이다. 이들은 재산의 일부이며, 가족의 일부였다. 둘째는 '파이스'이다. 이들은 종둘로스에게 딸린 식구들을 가리켰으며, 주인 재산의 일부는 아니었다. 셋째는 '미스씨오스'이다. 이들은 종이라기보다는 고용된 일꾼이나 품꾼에 해당되었다. 여기서 탕자는 자신을 품꾼의 하나로 써달라고 요구하려고 했다. 그렇게 되면 그는 그의 수입을 가지고 자유롭게 살 수 있었으며, 독립적으로 살 수 있었다. 또한 그의 사회적 신분도 아버지나 형에게 결코 열등하지 않아서 그의 자존심과 독립성을 유지할 수 있기 때문이다. 무엇보다도 그는 고용된 사람으로서 자신이 잃어버린 재산을 갚아 나갈 수도 있었다. 그는 아버지에게 은혜를 원했던 것이 아니고, 당당한 빚 청산을 원했던 것이다. 그러므로 "나를 품꾼의 하나로 보소서"눅 15:19는 '나를 다른 사람으로 받아 주소서', '내가 저지른 과거를 잊어주소서', '저를 품꾼으로 생각하시고 받아주소서', '제가 전혀 무가치하지는 않습니다', '저는 아직도 쓸 만합니다'를 의미한다. 그리고 "하나로 보소서"눅 15:19는 결국 아버지에게 그의 계획을 명령하듯이 말하고 있는 것이다. 이는 자신에게도 '계획'이 있다는 것을 의미한다.

그는 아버지로부터 독립하여 자신의 과오를 갚을 수 있는 기회를 얻으려했다. 만약 그가 품꾼이 된다면, 형으로부터 눈칫밥을 먹을 필요가 없고, 자신에게 속한 것은 이미 다 써버렸기 때문에 자신이 돌아와 쓰는 물질은 모두 형의 재산이 되어 있을 것이기에 그렇게 되는 것은 자존심이 상하는 것이었다. 그는 "내가 하늘과 아버지께 죄를 지었사오니"눅 15:21라고 말할 뿐이었다. 그러나 그는 그의 형제와의 관계, 더 나아가 대가족을 포함하는 공동체 전체에 대해서도 큰 죄를 지었던 것이다. 그가 품꾼이 되면 아버지에게 한 잘못에 대한 책임은 채워갈 수는 있을 것이다. 그리고 독립적인 삶을 통해 그의 형에게 폐를 끼치지 않을 수 있었다. 그러나 그의 대가족과 공동체에 대해서는 어떻게 해결할 것인가? 그러므로 그가 자신의 계획을 가지고 책임을 지겠다는 태도는 바람직한 회개라고 볼 수 없다. 그것은 하나님의 전적인 은혜를 인정하지 않겠다는 것이기 때문이다.

우리는 하나님을 믿으면서, 의지하면서도 여전히 자신의 계획을 가지고 그것을 밀고 나가려 한다. 그것은 하나님을 전적으로 신뢰하는 것이 아니다. 주 안에서 여전히 자신의 능력과 계획으로 살겠다는 교만인 것이다. 그것은 부분적인 헌신이다.

셋째, 우리를 향한 하나님의 환대는 항상 우리의 기대를 넘어선다

우리가 하나님의 은혜 안에 거할 때 진정한 의미의 자유와 평안이 있다. 사이드Said라는 학자는 "앞의 두 비유에서 목자와 여인은 매우 보편적인 일을 했으나, 세 번째 비유에 등장하는 아버지는 다른 보통의 아버지들이 하지 못한 매우 독특하고 놀라운 신적인 행동을 했다"고 설명했다. 둘째 아들은 회개하는 마음으로 아버지에게 돌아왔지만, 여전히 자신의 계획을 가지고 돌아왔다. 자신의 자존심과 지위를 유지할 수 있는 자신만의 계획 말이다.

그런데 누가복음 15:21에 보면, 그가 아버지 앞에서 말할 때에는 "나를 품꾼의 하나로 보소서"눅 15:19라는 대목이 빠져 있다. 어떤 학자들은 그 이유를 아버지가 말을 끊었기 때문이라고 본다. 그러나 말이 끊어졌다면, 그 다음에라도 다시 할 수 있었을 것이다. 또한 다른 학자들은 탕자가 본 것은 자신이 생각한 것보다 훨씬 나은 것이라고 생각해서, 혹은 그의 기대보다 훨씬 좋은 것이기에 그가 받지 않을 이유가 없었을 것이라고 생각하여 그 말을 빼버렸다고 본다. 아들의 자격을 회복시켜 준다는데, 받지 않을 이유가 없었다는 말이다. 그러나 위의 두 이유들보다는 그가 아버지의 엄청난 환영과 사랑을 보았기 때문에 그의 마음이 바뀌었다고 보는 것이 옳다. 아버지의 수욕을 무릅쓴 자신을 향한 사랑과 환대를 보고, 둘째 아들은 그 어설픈 계획을 산산이 부수었다. 이제 그는 더 이상 어떤 제안도 할 수 없게 되었다. 그가 보상할 수 있다고 생각한 것이 아버지에게는 모욕이라는 사실을 깨닫게 된 것이다. 바로 아버지의 사랑이 탕자의 마음을 바꾸어 놓았다.

우리가 하나님의 엄청난 사랑과 은혜를 체험하게 될 때, 우리의 조잡한 계획과 자존심은 버려진다. 우리를 향한 하나님의 계획은 엄청나고 대단한 것이다. "구원만 책임져 주시면, 나머지는 제가 다 알아서 하겠습니다!"라고 생각하는 것은, 하나님의 은혜를 모르는 사람들의 생각이다. 또한 자신이 아직도 무엇을 가지고 있다고 생각하는 교만에서 비롯된 것이다.

잃은 아들 비유 I
-둘째 아들을 중심으로-

1. 자신이 선택한 자유에 대해서는 스스로 책임을 져야 한다

아버지를 떠나는 삶은 내려가는 삶이다. 둘째 아들은 재산을 모두 잃었을 뿐만 아니라 그들이 그렇게도 수치스럽게 여기는 돼지를 치는 사람으로 전락했다.

2. 자신의 계획을 갖고 있는 것은 진정한 회개가 아니다

우리는 하나님을 믿고 의지하면서도, 여전히 자신의 계획을 가지고 그것을 밀고 나간다. 그러나 그것은 하나님을 전적으로 신뢰하는 것이 아니며, 하나님 안에서 여전히 자신의 능력과 계획대로 살겠다는 교만이다. 그것은 회개가 아닌 부분적인 헌신일 뿐이다.

3. 우리를 향한 하나님의 환대는 항상 우리의 기대를 넘어선다

우리가 하나님의 엄청난 사랑과 은혜를 체험하게 될 때, 비로소 우리의 계획과 자존심은 버리게 된다. 우리를 향한 하나님의 계획은 엄청나고 대단한 것이다. 우리가 하나님의 은혜 안에 거할 때 진정한 의미의 자유와 평안이 있다.

10 잃은 아들 비유 II

– 맏아들을 중심으로–

25맏아들은 밭에 있다가 돌아와 집에 가까이 왔을 때에 풍악과 춤추는 소리를 듣고 26한 종을
불러 이 무슨 일인가 물은대 27대답하되 당신의 동생이 돌아왔으매 당신의 아버지가 건강한
그를 다시 맞아들이게 됨으로 인하여 살진 송아지를 잡았나이다 하니 28그가 노하여 들어가
고자 하지 아니하거늘 아버지가 나와서 권한대 29아버지께 대답하여 이르되 내가 여러 해 아
버지를 섬겨 명을 어김이 없거늘 내게는 염소 새끼라도 주어 나와 내 벗으로 즐기게 하신 일
이 없더니 30아버지의 살림을 창녀들과 함께 삼켜 버린 이 아들이 돌아오매 이를 위하여 살진
송아지를 잡으셨나이다 31아버지가 이르되 얘 너는 항상 나와 함께 있으니 내 것이 다 네 것
이로되 32이 네 동생은 죽었다가 살아났으며 내가 잃었다가 얻었기로 우리가 즐거워하고 기
뻐하는 것이 마땅하다 하니라_눅 15:25-32

어떤 학자들은 이 탕자의 비유를 복음 중의 복음이라고 말한다. 또한 다른 학자들은 '성실한 탕자'라고 제목을 붙이기도 한다. 아버지는 "이 내 아들"눅 15:24이라 부르고, 맏아들은 동생을 "(당신의) 이 아들"눅 15:30이라 부르고 있다. 이는 맏아들이 동생과의 관계가 단절된 것을 분명하게 보여주는 대목이다. 또한 맏아들은 아버지의 명에 따른 자신의 성실한 삶과 아버지의 재산을 탕진한 탕자의 방탕한 삶을 대조시키고 있다. 이는 둘째 아들은 자신의 재산을 가지고 나가서 탕진했음으로 다시는 아버지가 자신의 유산을 가지고 사용할 권한이 없음을 항의하는 것이다.

누가복음 15:30에서 맏아들이 돌아온 탕자를 "(당신의) 이 아들"이 돌아왔다고 아버지에게 말하고 있는 것을 주목해보자. 그는 자신의 동생을 결코 형제라고 부르지 않았다. 왜냐하면 그는 동생이야말로 이 비유를 말씀하시는 예수님의 의도인, '잃어버린 자'인 것을 모르고 있기 때문이다. 또한 자신의 아버지가 어떤 분인지도, 아버지의 마음도 전혀 모르고 있기 때문이다. 한마디로, 그는 아버지의 집 안에 거하면서도 자신을 잃은 상태에 있었다. 여기에 또 하나의 잃은 아들이 있다. 자신의 의무에 너무나 집중한 나머지 자신의 아버지, 즉 하나님과 아무런 교제를 갖지 않았던 집안의 잃어버린 아들이 바로 맏아들이었던 것이다.

어떤 학자는 맏아들을 유대인으로, 집 나간 둘째 아들이 이방인을 상징한다고 보았다. 그러나 아버지는 맏아들에 대해서도 불친절하지 않았다.

얘 너는 항상 나와 함께 있으니 내 것이 다 네 것이로되_눅 15:31

이는 맏아들이 스스로 누리지 못했을 뿐, 원하면 얼마든지 누릴 수 있었음을 지적한 것이다. 그리고 아버지는 떠났던 둘째 아들만큼이나 집에 있었던 맏아들에게도 동일한 관심을 갖고 있었다. 이것은 그 비유를 듣고 있던 모든 사람들에 대한 예수님의 마음이다.

바리새인들의 신관을 보면, 하나님은 죄인들을 거부하시고 그들의 죽음을 기뻐하는 분이었다. 분리와 심판, 공의가 유대인들에게는 익숙한 사상이었다. 그러나 예수님은 죄인들을 받으시고, 그들의 회복을 기뻐하는 분이셨다. 그러므로 이 비유는 유대인들의 핵심적인 사상에 대한 예수님의 도전이라고 볼 수 있다.

어떤 학자들은 이 부분이 원래 예수님의 비유에 없었다고 주장한다. 그러나 그렇게 볼 필요는 없다. 왜냐하면 이 비유의 서두에서 아버지는 첫째와 둘째 아들 모두에게 재산을 분배했다눅 15:12. 둘째 아들만 유산을 받은 것이 아니었다. 그러나 여기서 맏아들은 동생의 무례한 요구에 대해 형으로서 책망하지도 않았고, 자신에게 재산이 분배될 때 사양하지 않고 받음으로써 자신의 도덕적 수준을 보여준 것이다. 과연 맏아들의 도덕적 수준

이 둘째 아들보다 우월했을까? 어쨌든 이 비유는 처음부터 두 아들에 관한 비유였다. 결국 두 종류의 탕자에 관한 비유인 것이다. 집 안의 탕자와 집 밖의 탕자가 바로 그것이다.

이 비유의 두 번째 부분은 맏아들이 밭에서 돌아오는 장면으로 시작된다. 둘째 아들이 허랑방탕한 삶에서 돌아오는 것과 맏아들이 밭에서 열심히 일하다가 돌아오는 날카로운 대조다. 또한 맏아들의 아버지에 대한 태도와 아버지의 맏아들에 대한 태도가 서로 대조되고 있다.

아버지를 무시한 맏아들의 행동을 살펴보자. 그는 놀랍게도 아버지라는 호칭을 사용하지 않는다. 그리고 자신을 아버지의 종으로 묘사함으로써, 아버지가 인색하다는 것을 주장한다. 그는 그의 아버지와 동생을 함께 경멸하는 언사를 표현한다.

아버지의 살림을 창녀들과 함께 삼켜 버린 이 아들_눅 15:30

또한 그는 공중 앞에서 아버지에 대해 도전하고 있다. 사람들 앞에서 공공연하게 아버지의 말씀을 거역하고 있는 것이다. 그는 동생의 귀가를 전혀 기뻐하지 않는다. 이것은 그가 얼마나 아버지의 마음에 대해 모르고 있는지를 잘 보여주는 것이다.

이제 맏아들에게 사정하는 아버지의 모습을 살펴보자. 아버지는 자신과의 관계를 끊어버리려는 맏아들에 대해서 깨어지는 가족관계를 변치 않는 사랑으로 붙들며 회복시키려고 노력한다. 그것은 아버지가 사용하는 사랑의 애칭, "얘"눅 15:31를 통해 쉽게 알 수 있다. 또한 아버지는 "너는 항상 나와 함께 있으니"눅 15:31로, 끊어질 수 없는 관계를 강조하였다.

그런가 하면 "내 것이 다 네 것"눅 15:31이라는 말에서 분배된 재산이 취소되지 않았음을 확인시켜 주고 있다. 동생이 돌아옴으로 인해 맏아들의 상속에 손해를 끼치지 않을 것임을 분명히 하고 있는 것이다. 여기서 우리는 맏아들에게 잔치에 동참해 달라는 아버지의 간곡한 심정을 느낄 수 있다.

또한 맏아들이 "(당신의) 이 아들"눅 15:30이라고 한 말을, 아버지는 "이 네 동생"눅 15:32으로 바꿔서 말하고 있는 것을 발견했는가? 그리고 여기 "권한대"눅 15:28라는 표현은 아버지가 계속하여 맏아들에게 권함을 말하고 있다. "아버지가 나와서 권한대"눅 15:28라는 표현은 당시 중동의 엄격한 가부장적 사회 질서에서는 상상도 못할 일이다. 왜냐하면 '권하다'의 의미는 '구걸하다', '사정하다', '빌다'의 의미를 가지고 있기 때문이다.

맏아들이 화가 나서 집에 들어가기를 거부하는 행위는 아버지의 잔치배설 그 자체를 거부하는 행위요, 동시에 집에 돌아온 자신의 동생을 거부하는 행위다. 더 나아가서 잔치에 참석한 모든 사람들을 거부하는 행위인 것이다. 아버지와 함께, 돌아온 동생과 함께, 그리고 동네 사람들과 함께 식탁을 같이 할 수 없다는 것은 마치 자신의 동생이 아버지와 함께 생활할 수 없다고 유산을 가지고 먼 나라로 간 것과 전혀 다를 바 없는 행위다. 그는 동네 사람들 앞에서 아버지의 권위에 대하여 도전했다. 그것은 동시에 아버지에게 엄청난 수치와 모욕을 안겨주는 행위였다. 그러나 아버지는 다시 맏아들을 맞이하기 위해 그러한 수치와 모욕을 개의치 않고 집밖으로 나갔다눅 15:28. 이것은 다시 한 번 청중들에게 큰 충격을 주는 행위였다. 왜냐하면 당시 아버지의 권위에 도전하는 아들에 대해서는 죽일 수도 있었으나, 아버지는 오히려 맏아들을 달래기 위해 밖으로 나갔기 때문이다.

18사람에게 완악하고 패역한 아들이 있어 그의 아버지의 말이나 그 어머니의 말을 순종하지 아니하고 부모가 징계하여도 순종하지 아니하거든 19그의 부모가 그를 끌고 성문에 이르러 그 성읍 장로들에게 나아가서 20그 성읍 장로들에게 말하기를 우리의 이 자식은 완악하고 패역하여 우리 말을 듣지 아니하고 방탕하며 술에 잠긴 자라 하면 21그 성읍의 모든 사람들이 그를 돌로 쳐죽일지니 이같이 네가 너희 중에서 악을 제하라 그리하면 온 이스라엘이 듣고 두려워하리라_신 21:18-21

문화적인 면을 좀 더 깊이 살펴보자.

동생이 돌아온 것을 "한 종"눅 15:26이 맏아들에게 말해 주었는데, 이는 잘못된 번역이다. '한 어린아이'로 번역하는 것이 좋을 것이며, 그는 그 집에 사는 종이 아니고 잔칫집 밖에서 놀고 있던 아이였을 것이다. 왜냐하면 그는 "당신의 아버지"눅 15:27라고 말했기 때문이다. 만약 그가 종이었다면, 아마도 '주인님께서', 혹은 '주인의 둘째 아들' 등의 단어를 사용하는 것이 마땅하기 때문이다. 또한 한 어린아이가 그곳에 있는 것은 당시 문화적 상황과 맞아떨어진다. 왜냐하면 잔치가 벌어지면 동네 아이들은 잔치에 참석하지 못하고, 밖에서 놀면서 일도 하고 심부름도 하는 것이 보통이었다. 맏아들이 놀라고 화가 난 이유는 아마도 돌아오지 말아야 할 동생이 돌아왔고, 그에 대해 자신이 볼 때는 있어서는 안 되는 아버지의 환대가 있었기 때문이다. 사실 아버지의 환대는 문화적으로 보더라도 이례적인 것이었다.

"살진 송아지를 잡았나이다"눅 15:27의 문화적 의미는 다음과 같다. 당시 맏아들의 결혼이나 높은 관리가 방문했을 때 주로 송아지를 잡았는데, 그것은 공동체 전부를 초청하기 위함이다. 우리는 여기서 누가복음 15장에 나오는 세 가지 비유를 살펴볼 때 잔치의 규모가 점점 커지고 있음을 알 수 있다. 잃은 양과 드라크마 때와는 다르게 온 동네 사람들이 초청 대상이 되고 있기 때문이다. 그것은 바로 공동체와의 기쁨, 그리고 공동체와의 화해가 전제된 것이기 때문이다.

중동 지방의 잔치는 보통 시원한 오후에 시작하여 밤늦게까지 계속되었다. 먼저 음식을 먹고, 그 후에는 노래를 부르거나 춤을 추었다. 누가복음 15:25에서 맏아들이 돌아왔을 때에는 아마도 식사가 끝났던 것 같고, 잔치가 시작된 지 꽤 된 것으로 보인다.

원래 잔치가 시작되면 맏아들이나 다른 아들들은 문 입구에서 손님을 맞이하는 것이 보통이었다. 그리고 안으로 들어가 주인과 인사를 나눈 후 잔치석상에 앉게 되어 있었다. 그렇다면 맏아들은 서둘러 그 역할을 감당해야 했는데, 오히려 집안에 들어가기를 거부하고 아버지를 모욕하는 행동을 했던 것이다. 그러면 여기서 맏아들이 왜 집안의 탕자인지에 대한 이유를 다시 정리해 보자.

첫째, 그는 중재자 역할에 실패했다.

그도 유산을 침묵 가운데 물려받은 점을 볼 때, 그는 그의 동생보다 생각이 나은 사람이 아니었다.

둘째, 그는 동생을 돈과 연관 지어서만 생각하고 있다.

"창녀들과 함께 삼켜 버린"눅 15:30이라는 구절로 보아 그는 혈육이 돌아온 것에 대해서는 전혀 관심이 없었다. 아마도 그가 화가 난 이유 중의 하나는 자기 재산에 변화가 생길까 두려웠기 때문이다.

셋째, "이 아들"눅 15:30이라는 표현에 그의 마음이 드러나고 있다.

원문에는 "이 아들"이라는 단어 속에 '당신의'가 들어 있다. 이미 죄인이 된 동생과 자신과의 관계를 끊어버리려는 의도인 것이다.

넷째, 그는 아버지와 자신과의 관계를 오해하고 있다.

부자가 아닌 주인과 종의 관계로 보고 있는 것이다. "섬겨"눅 15:29라는 단어는 '노예가 되다', '노예로서 섬기는 것'을 말한다. 그는 아들의 위치가 무엇이며 어떤 특권이 있는지를 모르고 있었고, 그래서 누리지도 못했던 것이다.

다섯째, 그는 잔치 참석을 거부함으로 아버지에게 수치와 모욕을 주었다.

이는 당시 공동체 사회에서는 어쩌면 둘째 아들이 아버지에게 준 모욕보다도 더 직접적이고 치명적인 것이었다.

맏아들은 아버지의 뜻을 거역하지 않았고, 집을 떠나지도 않았다. 그는 집에 남아서 재물을 저축하고, 아버지에게 봉사했다. 그러나 그는 아버지를 제대로 알지 못했다. 그는 종교적 태도만을 가졌을 뿐, 하나님이 주시는 자유에 대해서는 알지 못하는 신앙인의 전형이다. 하나님 안에서의 자유를 누리지 못하는 사람은 불행한 사람인 것이다.

이 비유는 무엇인가 만족스럽지 못하게 끝나는 것 같아 보이지 않는가? 왜냐하면 결론이 없기 때문이다. 그러나 결론은 분명히 있다. 그것은 바로 청중들의 몫이다. 종교적인 사람들에게 그들 자신의 실제적인 모습을 보게 하려는 의도다.

우리는 잃어버린 양, 드라크마, 아들 이야기를 좋아하면서도 형에게 일어난 일에 대해서는 별로 관심을 갖지 않는다. 그러나 사실 우리가 더 주의깊게 관심을 가져야 할 사람은 바로 '맏아들'이다. 타인에게 정죄받지 않는 표준적인 삶을 살면서 기본적인 법을 지키고 도덕적이다. 또 열심히 봉사한다. 그러한 모습이 바로 우리의 모습은 아닐까?

형은 어떤 면에서 동생을 시기하고 있었다. 동생을 위한 잔치로 인해 불만을 품었다고 하기 보다는 동생의 행위에 시기심이 일어난 것이다. 동생이 창녀들과 함께 돈을 허비해 버렸다고 비난한 사람은 다른 사람이 아닌 바로 그의 형이었다. 동생이 집을 나간 후 도시에 가서 그 돈을 가지고 어떤 짓을 했을까 생각해 보았을 때, 그것은 뻔한 결과라고 형은 미리 결론짓고 있었다. 창녀가 언급된 형의 생각은 그의 무의식을 드러낸 것일 수도 있다. 그런 점에서 동생이 바라보는 형의 시선은 그저 '운이 좋은 나쁜 놈'이었다.

우리에게도 좋은 일을 하면서 나쁜 일을 사모하는 경향이 있다. 때론 아주 도덕적인 사람들이 다른 사람들의 타락한 행동을 보면서 놀라고 비판하는 것을 볼 수 있다. 그러나 그들은 그러한 일들을 저지른 것을 상상하며 자신도 하고 싶은데 그러지 못함으로 인해 내심 부러워하면서 즐기는 경우는 없는지 생각해 볼 필요가 있다. 마치 대리만족을 느끼듯이 말이다. 그것은 또 다른 종류의 시기심이다.

동생도 인생을 소비하고 돌아왔지만, 형도 집에서 자기 인생을 소비했다. 비열하고 이기적인 삶으로 자신의 인생을 허비했던 것이다. 율법을 지키고 있었지만, 그 안에는 어떤 자발적인 즐거움도 없었다. 하나님과의 올바른 교제가 결여된 삶은 허비하는 삶이다.

이 비유가 우리에게 주는 교훈은 무엇일까?

첫째, 신앙의 근본적인 문제는 친밀한 교제에 달려 있다

신앙에 있어서 가장 중요한 것은 하나님과의 친밀한 교제다. 둘째 아들은 아버지와 형, 그리고 공동체와의 관계를 스스로 끊고 멀리 떠났다. 그는 아버지를 완전히 떠났다고 생각했을 것이다. 그는 스스로 유대인과의 어떤 교제도 피했다. 그러나 아버지는 달랐다. 아버지는 단 한 번도 둘째 아들을 잊은 적이 없었다. 잃은 자에 대한 하나님의 마음은 이와 같다.

맏아들에 대해서도 마찬가지다. 그러나 집 안에 있었던 맏아들도 아버지와의 관계가 잘못되어 있었다. 또한 그는 동생이 재산을 요구했을 때 동생을 나무라지 않았다. 중재를 위해 어떤 노력도 하지 않고 오직 침묵을 지켰다. 그리고는 아무 말없이 재산을 받았다. 그와 아버지의 관계는 처음부터 잘못되어 있었던 것이다. 아버지와의 친밀한 교제가 결여되어 있었다.

만약 맏아들이 아버지와 제대로 된 관계였다면, 그는 동생이 돌아왔을 때 가장 먼저 아버지에게 그 사정을 물어야 했다. 하지만 그는 한 어린아이에게 잔치의 이유를 물었고, 그의 철저한 관심사는 살아 돌아온 동생이 아닌 동생이 돌아옴으로 생길 수 있는 재산의 문제였다. 그는 사람보다 재산을 더욱 사랑했다. 돈이 돌아오고 동생을 잃었다면, 그는 기뻤을 것이다. 그가 아버지에게 한 말을 보아도 아버지와 그의 관계는 철저히 왜곡되어 있었다. 그는 자신을 상속자가 아닌 종으로 생각하고 있는 것이다.

> 아버지께 대답하여 이르되 내가 여러 해 아버지를 섬겨 명을 어김이 없거늘 내게는 염소 새끼라도 주어 나와 내 벗으로 즐기게 하신 일이 없더니_눅 15:29

그러나 아버지의 관심은 처음부터 '관계'였다. 아버지는 맏아들에게 죽었던 "네 동생"눅 15:32이 돌아왔으니 기뻐해야 한다고 말한다. 또한 "너는 항상 나와 함께 있으니"눅 15:32라고 말함으로써, 함께 있음과 교제의 중요성을 지적했다. 그러나 친밀한 관계는 단지 함께 있는 것 그 이상이다. 신앙생활을 하면서도 예수님과의 교제가 제대로 되지 않고 있다면, 그것은 불행 중의 불행이다.

둘째, 종교적인 행위와 신앙적인 자유의 삶에는 차이가 있다

내가 여러 해 아버지를 섬겨 명을 어김이 없거늘_눅 15:29

다시 말하면, 맏아들은 아버지에게 "나는 다른 사람과 같지 않습니다. 나는 수년 동안 당신을 위해 노예처럼 일했습니다"라고 주장한다. 이는 맏아들이 아버지와 함께 사는 삶이 무엇인지를 모르고 있었다는 것이다. 그는 자칭 의로운 도덕주의자였다.

또한 "염소 새끼라도"눅 15:29에서 보여주는 것과 같이, 맏아들은 자신이 마땅히 받아야 할 충분한 대우를 받지 못했다고 생각하고 있었다. 교만하고 자기 의가 강한 사람은 항상 자기가 마땅히 받아야 할 만큼의 대접을 받지 못한다고 생각한다. 여기에서 맏아들의 교만이 드러난다. 율법주의자들은 언제나 자신들이 율법을 잘 지키고 있다고 생각한다. 그러나 맏아들과 율법주의자들은 가장 중요한 '네 이웃을 내 몸처럼 사랑'하는 가장 중요한 계명을 어기고 있다는 사실을 생각하지 못한다.

우리 역시 마찬가지다. 종교적인 일들에 익숙해 있고, 열심을 내면서도 정작 하나님 안에 있는 자유와 참다운 행복을 누리지 못한다면 맏아들과 무엇이 다르겠는가. 아버지와의 관계는 결국 아들로서의 특권과, 상속자로서의 권한을 제한시켜 불행한 삶을 살게 했다. 예수님과의 제대로 된 관계, 제대로 된 교제가 이뤄질 때 세상의 것이 부럽지 않는 신앙인으로서의 행복한 삶을 경험할 수 있다.

셋째, 횡적인 교제는 종적인 교제를 보여 주는 지표다

우리는 맏아들과 동생의 비뚤어진 관계를 통해, 잘못된 아버지와의 관계도 보게 된다. 어떤 신앙인들은 하나님과의 관계는 매우 중요하지만 이웃과 형제와의 관계는 별로 중요하지 않은 것처럼 생각한다. 그래서 교회 안에서는 신앙이 매우 좋은 것 같은데 대인관계는 아주 형편없는 경우를 볼 수 있다. 오히려 자신이 하나님과 너무 가깝기 때문에 마치 사람들과는 관계가 먼 것인 것처럼 보여주려는 이들도 있다. 그러나 이것은 잘못된 것이다. 기독교는 수직적인 관계 회복뿐만 아니라 수평적인 관계 회복도 함께 강조하고 있다.

> 누구든지 하나님을 사랑하노라 하고 그 형제를 미워하면 이는 거짓말하는 자니 보는 바 그 형제를 사랑하지 아니하는 자는 보지 못하는 바 하나님을 사랑할 수 없느니라_ 요일 4:20

맏아들은 아들의 영이 아닌 삯군의 영을 가지고 있었다. 아들은 아버지에 대한 사랑 때문에 일하지만, 삯군은 돈을 위해 일한다.

누가가 이 비유를 홀로 자신의 복음서에 기록한 것은, 예수님 당시 유대인들의 갈등과 거의 유사한 유대 그리스도인과 이방 그리스도인의 갈등과 관련하여 복음 중의 복음인 은혜로운 아바 아버지를 발견하도록 하기 위함이었다. 자신의 생명과 같은 체면과 재산을 희생해 가면서까지 둘째 아들과 맏아들을 용서하고 사랑하는, 그리고 기뻐하는 아버지의 모습은 바로 십자가를 지기까지 자신의 모든 것을 희생하여 조건없이 죄인을 사랑하신 예수 그리스도 안에 나타난 아버지의 모습이다. 또한 분리된 아버지와 아들, 형제들, 아들들과 동네 사람들을 끝까지 서로 화해시키려는 아버지의 모습은 성령을 통해서 교회와 성도들, 성도들과 세상을 서로 사랑으로 화해시키려는 하나님 아버지의 모습인 것이다.

잃은 아들 비유 Ⅱ
-맏아들을 중심으로-

1. 신앙의 근본적인 문제는 하나님과의 친밀한 교제에 달려 있다

맏아들은 아버지와의 친밀한 교제가 결여되어 있었다. 때문에 동생이 집을 나갔을 때나 돌아왔을 때 아무런 관심이 없었다. 그는 오직 자신의 재산에만 관심이 있었다. 우리의 신앙에 있어서도 가장 중요한 것은 하나님과의 친밀한 교제이다.

2. 종교적인 행위와 신앙적인 자유의 삶에는 차이가 있다

맏아들은 자신과 아버지와의 관계를 스스로 잘못 설정하여 아들로서의 특권과 상속자로서의 권한을 전혀 누리지 못하는 불행한 삶을 살고 있었다. 우리는 예수님과 제대로 된 관계를 맺을 때 부끄럽지 않은 신앙인으로 행복하게 살 수 있다.

3. 횡적인 교제는 종적인 교제를 보여 주는 지표다

어떤 신앙인들은 하나님과의 관계는 매우 중요하지만, 이웃과 형제와의 관계는 별로 중요하지 않은 것처럼 생각한다. 그러나 그것은 잘못된 것이다. 기독교는 수직적인 관계 회복뿐만 아니라, 수평적인 관계 회복도 중요하다.

11 지혜로운 청지기 비유

1또한 제자들에게 이르시되 어떤 부자에게 청지기가 있는데 그가 주인의 소유를 낭비한다는
말이 그 주인에게 들린지라 2주인이 그를 불러 이르되 내가 네게 대하여 들은 이 말이 어찌 됨
이냐 네가 보던 일을 셈하라 청지기 직무를 계속하지 못하리라 하니 3청지기가 속으로 이르되
주인이 내 직분을 빼앗으니 내가 무엇을 할까 땅을 파자니 힘이 없고 빌어 먹자니 부끄럽구
나 4내가 할 일을 알았도다 이렇게 하면 직분을 빼앗긴 후에 사람들이 나를 자기 집으로 영접
하리라 하고 5주인에게 빚진 자를 일일이 불러다가 먼저 온 자에게 이르되 네가 내 주인에게
얼마나 빚졌느냐 6말하되 기름 백 말이니이다 이르되 여기 네 증서를 가지고 빨리 앉아 오십
이라 쓰라 하고 7또 다른 이에게 이르되 너는 얼마나 빚졌느냐 이르되 밀 백 석이니이다 이르
되 여기 네 증서를 가지고 팔십이라 쓰라 하였는지라 8주인이 이 옳지 않은 청지기가 일을 지
혜 있게 하였으므로 칭찬하였으니 이 세대의 아들들이 자기 시대에 있어서는 빛의 아들들보
다 더 지혜로움이니라 9내가 너희에게 말하노니 불의의 재물로 친구를 사귀라 그리하면 그 재
물이 없어질 때에 그들이 너희를 영주할 처소로 영접하리라 10지극히 작은 것에 충성된 자는
큰 것에도 충성되고 지극히 작은 것에 불의한 자는 큰 것에도 불의하니라 11너희가 만일 불의
한 재물에도 충성하지 아니하면 누가 참된 것으로 너희에게 맡기겠느냐 12너희가 만일 남의
것에 충성하지 아니하면 누가 너희의 것을 너희에게 주겠느냐 13집 하인이 두 주인을 섬길 수
없나니 혹 이를 미워하고 저를 사랑하거나 혹 이를 중히 여기고 저를 경히 여길 것임이니라
너희는 하나님과 재물을 겸하여 섬길 수 없느니라_눅 16:1-13

이 비유는 모든 사람들이 청지기로 살고 있음을 다시 한 번 새롭게 들려주는 말씀이다. 또한 우리가 가진 물질과 시간, 건강과 재능을 어디에 어떻게 써야 할 것인가를 보여주는 매우 귀중한 말씀이다.

우리는 선교사뿐만 아니라 모든 신자가 선교사적인 삶을 살아야 하는 명령을 받고 있다. 사역지에 가 있어야만 선교사가 아니다. 있는 곳에서 예수님의 지상명령을 따르는 사람이야말로 진정한 선교사이다.

율리허Julicher는 이 비유를 "예수님의 비유 중 가장 해석하기 어려운 비유다"라고 말했다. 해석에 당혹감을 주는 결정적인 이유는, 해석의 열쇠로 간주되는 누가복음 16:8에서 청지기가 한편으로는 '불의한 청지기'로 불리고, 다른 한 편으로는 주인의 칭찬을 받고 있기 때문이다. 그리고 더 나아가 그 불의한 청지기가 결론 부분에 가서 예수님의 제자의 모델로 제시되고 있기 때문에 더욱 당황하게 만드는 것이다.

또 다른 이 비유의 어려운 점은, 마치 속이는 과정을 너그럽게 봐주고 칭찬까지 하는 것처럼 보이기 때문이다. 그러나 우리가 이 비유의 전체를 주의 깊게 읽을 때, 그것이 아님을 알 수 있다.

플로서Flosser라는 학자는 예수님의 비유 중 세 개를 뽑아 '불명예 비유들scandalous parables'이라는 표현을 썼다. 그 세 개의 비유는 '불의한 재판관의 비유', '불의한 이웃의 비유', '불의한 청지기의 비유'이다. 이 비유들은 모두 부끄러운 사람들이 주인공으로 등장한다. 또한 이 비유들은 모두 누가복음에만 기록되어 있다. 하나님이나 예수님에게 이미지 손상을 가져올 가능성이 있음에도 누가는 전혀 개의치 않고 모두 기록하였다.

우리가 지금까지 보았듯이 누가에게는 특별한 관심사가 몇 가지 있었다. 그것은 소외된 자들과 여자들에 대한 관심이었다. 그리고 그는 돈에 대해서도 주의를 기울였다. 물질의 올바른 사용에 대해 어느 누구보다도 많은 메시지를 기록했다. 그러나 그것만 누가의 관심사라고 볼 수는 없다. 왜냐하면 예수님 비유의 반이 직·간접으로 돈과 관련되어 있기 때문이다.

부자와 거지 나사로, 어리석은 부자, 불의한 청지기, 선한 사마리아인의 비유 등이 바로 여기에 속하는데, 한 사람은 재산을 빼앗겼고, 다른 한 사람은 자신의 소유로 도움을 주었다. 그런가 하면, '탕자의 비유'에서는 작은 아들의 재산 낭비와 맏아들의 재산에 관련된 분노가 대비되었다.

이 비유가 해석에 있어서 어려운 점이 있는 것만큼, 해석에 대해 다양한 견해들이 있다. 지금까지 나온 견해들을 정리하면 다음과 같다.

첫째, 청지기를 긍정적인 관점에서 해석하는 것이다. 이는 청지기의 행동과 지혜로운 방책을 구분하는 것으로, 그의 행동은 불의하나 적어도 그의 방책은 칭찬할 부분이 있다는 것이다. 본받도록 제시된 모델은 그의 행동이라기보다 행동 계획을 세운 지혜로움T.W. Manson, 김득중, 즉 불의한 행동과 그 행동 배후에 있는 지혜로운 계획을 엄격히 구분하는 것이다. 그것은 청지기의 종말론적인 지혜로운 결단C.H. Dodd, J. Jeremias, A. M. Hunter, K.Ke. Bailey이라고 볼 수 있다.

아니면, 누가복음 16:5-7에 나타난 청지기의 행동도 불의하지 않다고 보는 견해가 있다. 그 이유는 청지기의 행동이 당대의 고리대금을 제거해준 선한 행동이었다고 보기 때문이다. 그래서 주인은 청지기의 지혜로운 방책뿐만 아니라 행동, 그 자체까지 칭찬했다고 본다J.D.M. Derrett, J. A. Fitzmyer. 그들은 불의한 청지기의 행동에 대해 고대 유대와 근동의 자료 연구를 통해 칭찬을 받을 만한 행동이라고 해석한다. 당시 율법에 금지된신 15:7-8, 23:20-21, 출 22:24, 레 25:36-37 이자를 받는 관행을 타파한 의로운 행동Derrett이라는 것이다. 당시 '차용원금은 기름 50말, 이자는 50말, 반환금은 100말'이라고 쓰면 율법을 어기는 것이지만, '차용금은 기름 100말, 반환금은 기름 100말'이라고 쓰면 율법을 어기는 것이 아닌 것으로 보았다.

휘츠마이어Fitzmyer라는 학자는 채무자에게 덧붙여진 고리대는 대부분 주인을 대신해서 계약을 체결한 청지기의 몫이라고 보았다. 이는 자신에게 돌아올 막대한 금액을 감면해 주었기 때문에 불의한 행동으로 볼 수 없다는 견해다. 권성수 교수도 이와 동일한 입장을 취한다. 마지막 순간에 청지기가 고리대금의 악을 청산하고, 정직한 행위를 보였다는 것이다. 그래서 그는 주인에게 깨끗하게 정리된 결산서를 넘겨주었다고 한다. 빚진 자들의 엄청난 부담을 삭감함으로 그들의 후대를 준비했던 것이다.

둘째, 누가복음 16:8의 '불의한 청지기'라고 표현된 것과 누가복음 16:10-13에서 청지기가 부정적인 모델로 언급된 것을 감안하여 청지기를 부정적으로 해석하려는 경향이 있다. 특히 누가복음 16:8의 말씀은 칭찬이 아닌 역설적이고 문학적인 표현으로, "너는 정말 영리한 놈이구나! 너는 교묘한 수법으로 잘못을 피해 가는구나!"라고 해석할 수 있다.

브렛처Bretscher는 누가복음 16:8-9까지도 부정적으로 해석한다. "그래, 가서 너에게 주어진 모든 하나님의 선물을 너 자신의 불경건한 목적을 위해 사용해 보렴. 그것을 이 세상의 죄인들을 네 친구로 삼는데 사용하렴. 그래서 그들을 너의 재판관이 되게 하고, 그들로 하여금 너를 위해 영원한 지옥의 문을 열게 해보렴."

플렛처D.R. Fletcher는 이 비유가 역설적인 대조를 통해서 불의한 청지기와 같은 사람이 되지 말아야 할 것을 경고한다고 보았다.

셋째, 패럿Douglas M. Parrott이라는 학자는 위의 해석에 둘 다 문제가 있음을 지적하면서, 누가복음 12:12-16의 어리석은 부자와 유사한 것으로 보았다. 이는 참다운 회개가 아니고 인간적인 얄팍한 수법을 쓰는 어리석은 짓이라고 했다.

클로펜보르그Kloppenborg는 초점을 청지기에서 자신의 명예 손실 위협에 처해 있는 주인에게로 맞추었다. 당시 그곳의 문화에서 '명예와 수치'가 더 중시되었음을 강조하면서 주인은 자신의 명예와 신분을 손상시킨 청지기를 오히려 칭찬함으로 자신의 명예 문제를 초월할 뿐만 아니라 그 가치를 숭상하는 사회에 대해 도전하고 있다는 것이다.

콤브링크Combrink는 당대의 명예와 수치가 사회의 가치를 허물어 버렸다고 하는 주장보다는 오히려, 그러한 칭찬을 통해 명예를 더 존중했기 때문으로 해석한다. 비록 주인은 청지기의 행위 때문에 자신은 물질적인 손해를 입었지만, 자신의 평판은 더 좋아졌을 것이고 그러한 평판을 유지하기 위해 청지기를 칭찬했다고 보는 것이다.

가장 일반적이고 전통적인 해석은 역시 첫 번째 것이다. 그러나 이러한 해석방법은 8절의 '불의한 청지기'와 누가복음 16:10-13이 부정적인 모델로 제시되고 있는 점을 충분히 설명하지 못할 수 있다.

휫츠마이어Fitzmyer 주장의 문제점은 빚이 주인에게 진 것임을 간과눅 16:5 하고 있다는 것이다. 청지기가 받는 돈은 기록이 없는 비자금이었을 것이라는 베일리Bailey의 주장도 있다. 그러나 그것은 수수료로 보기에 너무나 큰 돈이었다. 한 채무자의 감면 액수가 500데나리온이었는데, 그것은 한 장정의 2년 품삯에 해당되었기 때문이다.

클로펜보르크Kloppenborg는 초점을 명예와 수치의 가치관이 아닌 재물에 맞추어야 한다고 말한다. 명예와 수치가 중심이라면 왜 설명 부분에서 전혀 언급이 없겠느냐는 것이다. 그러므로 그것은 주인이 아닌 청지기가 이야기의 초점이며, 그의 행동과 청지기로서의 자세가 다뤄지고 있다는 것이다.

그렇다면, 문화적인 설명이 필요한 것들을 차례로 살펴보자.

'주인'은 거대한 토지를 소유하고 있는 대지주였다. 그래서 주인은 자신의 재산을 관리할 수 있는 청지기를 고용했다. 여기서 주인이 얼마나 부자였는지는 청지기가 빚을 탕감해 주는 정도를 보면 알 수 있다. 또한 4년 치

임금에 해당하는 빚에서 2년 치에 해당되는 양을 탕감해 주는 것을 볼 때, 주인은 아마도 부재자 지주였던 것 같다. 우리는 "들린지라"눅 16:1는 말씀을 참고할 필요가 있다.

'청지기'는 종이 아니고, 상당한 권한을 가지고 있었다. 주인의 재산을 맡아 법정 대리인의 역할까지 하는 중직이었다. 빚을 탕감해 줄 수 있는 권력도 소유하는 것이 보통이었다. 농부들처럼 땅을 파는 사람들과는 전혀 다른 사람이었다. 그러나 여기서 청지기는 이미 해고통지를 받은 후, 그들을 속이고 빚을 탕감해 주는 부정을 행했다.

'빚진 사람들'은 가난한 사람들이 아니었다. 그들은 빚으로 사업을 하는 사람들이었다. 그러므로 여기서 청지기의 행동은 가난한 사람들에 대한 구제 차원의 선심이 아닌 자신이 나중에 도움을 기대할 수 있는 제법 돈이 있는 사람들이었던 것이다.

그렇다면, 주인이 청지기를 칭찬할 수밖에 없는 상황은 어떻게 된 것일까? 청지기의 파격적인 빚 탕감은 틀림없이 큰 뉴스거리였고, 주인의 관대함은 아주 좋은 평판으로 이어졌을 것이다. 주인은 청지기의 선심을 듣고 둘 중 하나를 택해야 했다. 이것을 모두 무효로 돌리고 악한 주인이 될 것인가, 아니면 그저 청지기의 행동에 대해 침묵을 지킴으로 좋은 평판을 유지할 것인가이다. 주인은 후자를 선택했다. 이는 그들의 문화적 가치로 볼 때 좋은 평판과 명예가 재산보다 훨씬 중요한 것이기 때문이다. 그리고 주인은 청지기를 다루는 데 있어서 처음부터 관대함을 잃지 않는 사람이었기 때문이다.

'세상의 아들들과 빛의 아들들'이라는 표현을 보자. 요한과 바울이 신자들을 빛의 아들들로 부른 것은 사실이다. 그러나 예수님이 계실 때에 '빛의 아들'이라는 용어는 엣세네 종파 사람들이 자신을 지칭할 때 사용한 말이었다. 광야에서 공동체 생활을 하는 자기들은 빛의 아들이고, 그러한 공동체 생활에 들어오지 않는 모든 사람은 어둠의 자식으로 표현했던 것이다.

사해 사본은 바로 그들이 기록하고 보관한 것이었다. 예수님의 '네 이웃을 사랑하고 원수를 미워하라는 말을 너희가 들었으나'라는 말씀은 구약에는 없는 말씀이다. 이것은 엣세네 종파 사람들의 훈육규범서에 있었던 내용이었다. 그 내용은 다음과 같다.

"누구든지 우리 공동체에 들어오려는 사람은 빛의 자녀들을 사랑하고 어둠의 자식들을 미워할 것을 맹세해야 한다."

그들은 다른 사람들과 교제나 거래를 하지 않았다. '불의한 재물'은 '하늘의 보화'와 대조되는 세상의 재물을 지칭했다. 엣세네 종파 사람들에게 세상의 모든 재산은 불의한 것이었다. 그러므로 여기서 엣세네 종파 사람들의 잘못된 삶의 방식을 질타한 것으로 볼 수도 있다. 돈을 사용하는 데에 있어서는 의로운 엣세네 종파 사람들보다 불의한 청지기가 훨씬 지혜롭다는 말이다.

'감람유 100말'은 150그루의 감람나무의 소출에 해당된다. 그것은 3,950 리터요, 2,200되이며, 1,000데나리온에 해당되어 4년 치 봉급 액수였다. 그러므로 50말이면 2년 봉급으로서, 만약 월급이 200만이라면 4,800만 원에 해당되는 액수였다. 또한 '밀 100석'은 100에이커에서 나오는 소출로서 12만 2천 4백 20평에 해당한다. 그것은 2,500데나리온으로 10년 봉급에 해당되며, 20석이면 500데나리온으로 2년 봉급에 해당하는 큰 돈이었다.

그렇다면 이 비유를 통해 예수님께서 말씀하시려는 주제는 무엇일까?

먼저 문맥을 살펴보자. 누가복음 14:1-17:10을 보면 때는 안식일 오후였음을 알 수 있다.

또한 제자들에게 이르시되_눅 16:1

우리는 이를 통해 예수님께서 바리새인들과 서기관, 그곳에 있었던 죄인들에게 말씀하신 것이 아닌, 제자들에게 말씀하고 계심을 알 수 있다. 그러나 '또한'이라는 단어를 통해서 지금까지 듣고 있었던 무리들을 배제하신 것은 아니라는 것도 주의해야 한다. 무엇보다 예수님께서 비유를 말씀하신 직후에 나타난 바리새인들의 반응에도 주목해보라.

바리새인들은 돈을 좋아하는 자들이라 이 모든 것을 듣고 비웃거늘_눅 16:4

예수님께서는 바리새인과 서기관들의 잘못된 태도에 대해 세 가지의 비유를 말씀하신 후, 제자들에게 이 비유를 말씀하셨다. 그러자 그 비유를 듣고 있었던 바리새인들과 서기관들은 이 비유를 들은 후, 그 비유와 적용에 대해 비웃었다. 그 이유는 그들이 '돈을 좋아하는 자'였기 때문이라고 설명하고 있다. 바로 이것이 권세를 가진 사람들이 예수님과 그의 가르침에 대한 비판의 배후에 있었던 이유다.

그러나 우리가 여기서 분명히 짚고 넘어가야 할 것은 돈 자체가 문제되는 것은 아니다. 우리는 돈을 사용하고 있으며, 돈이 없으면 이 세상을 살 수 없거나 산다고 해도 매우 불편하게 살 수밖에 없다. 그렇기에 여기서 말하고 있는 것은 '돈을 사랑함'이다.

돈을 사랑함이 일만 악의 뿌리가 되나니_딤전 6:10

예수님께서는 이 비유를 제자들뿐만 아니라 돈을 사랑하는 모든 사람들에게 하셨다. 예수님께서는 제자들이 돈에 대해 어떤 태도를 가져야 하며, 돈을 좋아하는 사람들에게 돈을 어떻게 사용해야 할 것인가에 대해 말씀하신 것이다.

이 비유를 제대로 해석하기 위한 단서들을 살펴보자.

먼저, 누가복음 16:8의 "주인ho kurios"을 청지기의 주인으로 볼 것인지, 아니면 예수님으로 볼 것인지를 살펴보아야 한다. 그러나 여기의 '주인'은 앞의 3절과 5절에 나타난 '주인'과 일치하는 것으로 보는 것이 타당하다.

또한 누가복음 16:8-13까지의 교훈이 비유의 본문과 어떤 관계를 가지고 있는가를 살펴보아야 한다. 그리고 이 비유의 앞에 나오는 '잃은 아들 비유'와 뒤에 나오는 '부자와 나사로 비유'는 서로 어떤 관계가 있는 것인지를 알아야 한다. '잃은 아들 비유'의 핵심이 재산 문제가 아닌 것은 사실이지만, 첫째와 둘째 아들이 모두 재산과 관련된 것은 사실이다. 그런가 하면 '부자와 거지 나사로 비유'도 재물 문제와 관련되어 있는 것이 분명하다. 그렇다면, 이 비유도 누가의 부자와 가난한 자에 대한 전체 흐름 속에서 해석되어져야 할 것이다.

누가복음 15:11-32과 16:1-8은 아주 가깝게 연결되어 있다. 누가복음 16:1에는 비유라는 말이 언급되지 않고 있다. 접속사de kai로 시작함으로써 앞의 이야기와 계속되는 이야기임을 보여준다. 그래서 우리는 누가복음 15:3까지 거슬러 올라가야 한다. 두 비유는 모두 배반과 신뢰의 문제를 다루고 있다. 또한 두 비유가 모두 '낭비diaskopijo'라는 단어를 사용하였다. 이 단어는 신약에 단 2회만 사용된 특별한 단어다. 두 비유 모두 특별한 자비를 체험하지만, 마지막 결말이 없다.

그럼, 그가 왜 '불의한 청지기'로 불리는지를 알아보자.

그가 그렇게 불리게 된 것은 해고 통보 전의 행동 때문인지, 아니면 해고 통보 후의 행동인지가 분명하지 않다. 그러나 아마도 그는 전부터 불의한 행동을 한 것으로 보이고, 본인도 그것을 인정하는 것 같아 보인다. 그가 변명 대신 살 궁리를 하는 것을 보더라도 그가 자신의 잘못을 이미 인정한 것으로 추정된다. "주인의 소유를 낭비한다"눅 16:1는 것이나, 그가 "불의하다adikia"는 것은 그의 어떤 특별한 행동 때문이라기보다 그에 대해 일반적이고 전체적인 성품에 붙여진 말이다. 이 단어는 총 4회에 걸쳐 사용되었는데, 모두 그러한 의미로 사용되었다눅 13:27, 16:8–9, 18:6.

그렇다면, 청지기가 무엇 때문에 칭찬을 받았는지 살펴보자.

우리가 잘 아는 '달란트 비유'에서 주인의 재산을 잘 관리하지 못한 종에 대해 '악하고 게으른 종'이라고 책망하며 내쫓는데, 왜 여기서는 칭찬을 하는 것일까? 그 청지기의 행동이 합법적이지도, 윤리적으로 올바른 것도 아니었는데, 칭찬을 들은 이유가 무엇인가?

누가복음 16:8에는 그가 칭찬 받은 이유를 '그가 민첩하게 행동했기 때문이다hoti phronimos epoiesen'라고 증거한다. 그러므로 칭찬의 이유가 그의 신실성이나 충성에 있는 것이 아닌 청지기의 민첩하고 지혜로운 행동에 있었음을 보여 준다. 또한 그의 도덕성을 인정한 것이 아닌 지혜로운 면을 칭찬한 것이다. 이로 인해 주인의 관대함은 동네에 널리 알려졌을 것이고, 그 사실을 주인이 알게 되었을 때에는 취소하는 것이 자신의 이미지에 엄청난 부정적인 효과를 낸다는 것을 알게 되었을 것이다. 무엇보다 그는 돈만 아는 인색한 사람은 아니었다.

계속해서 이 비유를 누구에게 말씀하셨으며, 주된 강조점과 메시지가 무엇인지를 살펴보자. 이 비유의 메시지는 생의 위기에 봉착했을 때 그 위기를 타개하기 위해 주인의 관대함을 믿고 생각해낸 청지기의 기발한 착상과 지혜로움에서 찾아야 한다. 청지기 행동의 윤리성이 아닌 행동을 유발하게 한 지혜로움에 있다는 사실은 누가복음 16:8에 있는 적용에서도 확인되고 있다.

> 이 세대의 아들들이 자기 시대에 있어서는 빛의 아들들보다 더 지혜로움이니라 _눅 16:8

예레미아스Jeremias는 "이 비유는 청중들에게 그들의 생을 위기로 몰아넣고 있는 하나님 나라의 도래에 대한 신속하고 지혜로운 결단을 촉구하고 있다. 이 청지기처럼 하나님 나라의 도래를 통한 더 큰 종말론적인 위기에서 신속하게 결단을 해야 하지 않겠는가!"라고 말한다. 그러나 이러한 메시지는 청중이 예수님을 영접하지 않은 사람들일 때 가능할 것이다. 만약 누가복음 16:1에 나타나 있는 것처럼 일차적으로 제자들이라면, 그것은 세상 재물에 대해 상대화할 수 있는 제자도를 강조하는 것이 될 것이다.

이 비유가 우리에게 주는 교훈은 다음과 같다.

첫째, 우리가 가진 것은 우리에게 맡겨진 것일 뿐이다

우리가 가진 것들에 대해서 맘대로 써도 된다고 생각하는 것은, 그것이 전적으로 우리의 것이라고 생각하기 때문이다. 그러나 성경은 우리의 가진 모든 것은 하나님으로부터 일시적으로 맡겨진 것임을 강조하고 있다. 우리는 모두 청지기다. 우리가 가진 것을 남을 위해 쓰지 못하는 것은 그것이 영원히 우리의 것이라고 착각하기 때문이다. 그러나 그렇지 않다. 그것은 우리에게 일시적으로 맡겨진 것일 뿐이다. 우리가 가지고 있는 것 중 우리의 것은 아무 것도 없다. 진정한 의미에서 우리의 것은 우리가 사용한 것만 우리의 소유다. 그러므로 무엇을 위해 사용할 것인가는 매우 중요하다. 우리에게 맡겨진 것들은 하나님을 위해서, 하나님의 사역을 위해서, 다른 사람들을 위해서 사용하도록 맡겨진 것이다.

둘째, 우리의 재산은 내세를 준비하기 위해 쓰여져야 한다

> 내가 너희에게 말하노니 불의의 재물로 친구를 사귀라 그리하면 그 재물이 없어질 때에 그들이 너희를 영주할 처소로 영접하리라_눅 16:9

미국의 사업가 스탠리 탬은 회사 주식의 51%를 하나님 앞으로 돌려 하나님을 대주주로 삼고 살다가 나중에는 회사 이익의 60%를 하나님께 드렸다. 그리고 그는 다시 그 후에 회사를 아예 하나님의 소유로 바꾸고, 회사의 모든 수익금을 하나님의 뜻대로 사용하기에 이르렀다. 그는 자신에게 이렇게 말했다. "스탠리! 만일 한 영혼이 이 세상에서 가장 귀하다고 하면, 지금부터 백년 후에 가장 높은 배당을 받게 될 투자는 무엇이겠느냐?"

성경은 세상의 모든 것이 헛된 것임을 강조하고 있다. 세상의 모든 영화를 누려봤던 전도서의 저자는 해 아래 있는 것 중에 새 것은 없으며, 그 모든 것은 헛되다고 말했다. 야고보서의 저자도 인생은 잠깐 있다가 없어지는 안개와 같다고 말했다. 그러나 성경이 말하는 영원한 것은 두 가지가 있다. 만약, 우리가 그것들을 붙잡을 수 있다면, 우리가 하는 일이 영원해질 것이다. 영원히 의미있는 일을 할 수 있게 되는 것이다.

> 풀은 마르고 꽃은 시드나 우리 하나님의 말씀은 영원히 서리라 하라_사 40:8
>
> 선한 일을 행한 자는 생명의 부활로, 악한 일을 행한 자는 심판의 부활로 나오리라_요 5:29

하나님의 말씀은 영원하다. 하나님의 말씀은 영원토록 일점일획도 없어지지 않을 것이다. 또한 사람의 영혼은 영원하다. 그 날에 악한 사람은 사망의 부활을, 선한 사람은 생명의 부활을 하게 되어 사람의 영혼은 영원히 존재하게 될 것이다. 그러므로 하나님의 말씀과 사람의 영혼에 투자하는 것은 영원한 것으로 남게 될 것이다. 따라서 하나님의 말씀을 가지고 사람의 영혼을 구하는 일과 관련된 우리의 투자는 영원히 남게 될 것이다. 그러나 우리가 세상에 목적을 둔 모든 일들은 아무 것도 남지 않을 것이다.

마태복음 25장에서 이와 유사한 말씀을 볼 수 있다. 우리는 마지막 심판 때에 예수님으로부터 이러한 질문을 받게 될 것이다. "너는 내가 주릴 때 먹을 것을 주었고, 목마를 때 마시게 하였으며, 나그네 되었을 때 영접하였고, 벗었을 때에 나를 입혔느냐? 그리고 옥에 갇혔을 때에 나를 돌아보았느냐?"

우리는 천국에서 선교와 구제를 위해 드렸던 헌금으로 인해 예수님을 알게 되어 믿게 된 우리가 알지 못하는 사람들을 만나 그들의 칭찬을 듣게 될 것이다. "나는 아프리카에서, 나는 이리얀 자야에서, 나는 중앙아시아에서 당신의 선교로 예수님을 믿게 된 아무개입니다. 정말 고맙습니다"고 말이다.

셋째, 지금 맡겨진 것에 충성할 때 더 큰 것을 맡을 수 있다

10절의 말씀처럼 지극히 작은 것에 충성된 자는 큰 것에도 충성하게 되어 있다. 또한 세상의 재물에 충성할 수 있을 때 신령한 것에도 충성할 수 있다. 예수님의 더 큰 일을 감당하고 싶다면, 지금 맡은 일에 충성을 다하는 사람만이 그 뜻을 이룰 수 있다. 이것은 '달란트 비유'와 다르지 않다. 사람마다 다른 것을 다른 양으로 받았다.

그런 점에서 달란트를 비교하는 것은 청지기의 역할을 모르는 것이며, 어리석은 생각이다. 그리고 자신에게 맡겨진 것에 대해서는 심판을 받을 날이 반드시 온다는 것을 명심하라. 그날에는 자신의 행동에 대해 변명할 여지가 없다. 그리고 우리가 가진 것, 각자에게 주어진 것을 가지고 충성을 다할 때 주님은 더 크고 영화로운 것을 맡기신다. 지금 가진 것을 가지고, 주어진 범위 내에서 충성을 다하자. 예수님은 우리를 결코 실망시키지 않으실 것이다. 더욱 크고 귀한 것으로 계속해서 맡기실 것이다.

넷째, 두 주인을 섬길 수 없다

요즘처럼 한 사람이 여러 일을 할 수 있는 시대에 사는 사람들은 이 말씀이 마음에 와 닿지 않을 수도 있다. 멀티를 지향하는 세대이기 때문이다. 그러나 당시의 청지기를 생각한다면, 청지기는 반드시 한 주인에게 100% 충성을 해야 했다. 두 주인을 섬길 수 없었던 것이다. 세상의 신은 돈이며, 하나님은 우주를 다스리신다. 돈을 주인으로 섬기면 하나님을 섬길 수 없고, 하나님을 제대로 섬긴다면 우리는 돈을 다스릴 수 있을 것이다.

교회 사역과 선교 사역에 대해서는 별말을 다하면서도 정말 그 일에 헌신이 되어 있는지는 의문이다. 헌신의 정도를 테스트하는 것은 쉽다. 물질이 그것에 따라가느냐 그렇지 않느냐를 보면 알 수 있다. 교회 일에 헌신한다고 하면서, 선교에 헌신한다고 하면서 물질이 따라가지 않는다면 그것은 확실히 그것에 마음이 없는 것이다.

네 보물 있는 그곳에는 네 마음도 있느니라_마 6:21

우리가 자기 보물을 하늘에 쌓고 살아간다면, 우리의 마음도 그곳에 있을 것이다. 그러나 우리의 보물을 세상에 쌓고 살아간다면, 우리의 마음을 하늘에 둘 수는 없을 것이다. 우리가 마음을 하늘에 두고 있다면, 우리의 물질이 쓰이는 방향이 그곳으로 향할 것이다. 그러나 우리가 마음을 세상에 두고 있다면, 우리의 물질은 세상을 위해서 쓰게 될 것이다.

나치와 싸우며 예수님의 제자로서 살기를 원했던, 그래서 일찍 순교 당했던 독일의 디트리히 본회퍼는 그의 책「제자의 대가The Cost of Discipleship, p. 194」에서 이렇게 말했다. “그리스도의 제자가 재물을 영원한 소유물로 쌓는다면, 그는 그 선물만이 아닌 자기 자신까지도 망치게 된다. 왜냐하면 그는 자신의 마음을 축적한 재물에 두고, 그것을 자신과 하나님 사이를 가리는 장벽으로 만들어 가기 때문이다.”

우리의 지출을 살펴보자. 어느 정도나 예수님을 위해서 쓰는가? 그것이 우리의 신앙 수준이다. 우리가 드리는 헌금이, 선교 헌금이 우리에게 아무 부담도 되지 않을 정도라면, 예수님을 위한 헌신이 그 정도임을 보여주는 것이다.

예수님의 비유로 풀어 쓴 **천국 시크릿 11**

지혜로운 청지기 비유

1. 우리가 가진 것은 우리에게 맡겨진 것일 뿐이다

우리가 가진 것들에 대해 마음대로 써도 된다고 생각하는 것은, 전적으로 우리의 것이라고 생각하기 때문이다. 그러나 성경은 우리가 가진 모든 것은 하나님으로부터 일시적으로 맡겨진 것임을 강조하고 있다.

2. 우리의 재산은 내세를 준비하기 위해 쓰여져야 한다

하나님의 말씀은 영원하다. 그러나 사람의 영혼은 결코 영원하지 않다. 마지막 날에 악한 사람은 영원한 사망으로, 선한 사람은 영원한 생명으로 부활한다. 그러므로 우리는 하나님의 말씀과 영혼에 투자해야 한다. 세상에 목적을 둔 일은 아무것도 남지 않는다.

3. 지금 맡겨진 것에 충성할 때 더 큰 것을 맡을 수 있다

지극히 작은 것에 충성된 자는 큰 것에도 충성한다. 또한 세상의 재물에 충성할 때 신령한 것에도 충성할 수 있다. 지금 맡은 작은 일에 충성을 다하는 사람만이 예수님의 더 큰 일을 맡을 수 있다.

4. 두 주인을 섬길 수 없다

청지기는 반드시 한 주인에게 100% 충성을 해야 한다. 두 주인을 섬길 수 없다. 세상의 신은 돈이며, 하나님은 우주를 다스리신다고 생각하면 큰 오산이다. 돈을 주인으로 섬기면, 하나님을 섬길 수 없다.

12 불의한 재판관 비유

1예수께서 그들에게 항상 기도하고 낙심하지 말아야 할 것을 비유로 말씀하여 2이르시되
어떤 도시에 하나님을 두려워하지 않고 사람을 무시하는 한 재판장이 있는데 3그 도시에
한 과부가 있어 자주 그에게 가서 내 원수에 대한 나의 원한을 풀어 주소서 하되 4그가 얼
마 동안 듣지 아니하다가 후에 속으로 생각하되 내가 하나님을 두려워하지 않고 사람을 무
시하나 5이 과부가 나를 번거롭게 하니 내가 그 원한을 풀어 주리라 그렇지 않으면 늘 와서
나를 괴롭게 하리라 하였느니라 6주께서 또 이르시되 불의한 재판장이 말한 것을 들으라 7
하물며 하나님께서 그 밤낮 부르짖는 택하신 자들의 원한을 풀어 주지 아니하시겠느냐 그
들에게 오래 참으시겠느냐 8내가 너희에게 이르노니 속히 그 원한을 풀어 주시리라 그러나
인자가 올 때에 세상에서 믿음을 보겠느냐 하시니라_눅 18:1-8

매트릭스라는 영화가 장안의 화제가 된 적이 있었다. 우리나라에서도 8일 만에 170만 명을 동원하는 신기록을 세우면서 많은 사람들을 극장으로 불러 모았다. 이 영화가 많은 사람들의 주목을 받았던 것은 다른 이유가 많겠지만, 특히 요즘의 과학기술 발달과 인간의 본질적인 철학 문제를 직접적으로 다루고 있기 때문이다. 또한 정치, 경제, 사회, 문화, 오락 등 어느 것도 조용하지 않은 요즘 세상에 식상한 사람들이라면 흥미와 성찰을 동시에 보여주는 이러한 영화를 통해 인간의 근본적인 문제에 잠시나마 심취해 보고 싶은 마음이었을 것이다.

결국 인간의 근본적인 문제는 우리가 어떻게 이 세상에 있게 되었고, 어디로 가게 되어 있으며, 또한 이 세상은 어떻게 될 것인가가 아닐까? 영화 매트릭스가 그러한 문제들을 다루고 있듯이 '불의한 재판관 비유'도 바로 인간의 근본적인 문제를 다루고 있다. 그러나 이 비유가 영화와 다른 점이 있다면, 확실한 진리만을 다룬다는 것이다. 그러므로 이 비유의 말씀은 그 영화보다 훨씬 재미있고, 의미 있는 것이 될 것이다.

'불의한 재판관 비유'는 예수님의 비유들 중에서도 그 구성이 매우 특별하다. 누가복음 18:1-8과 바로 그 다음에 이어지는 9-14절의 비유는, 예수님께서 비유를 시작하시기 전 그 이유를 먼저 구체적으로 밝히신 비유들이다.

항상 기도하고 낙심하지 말아야 할 것_눅 18:1

또 자기를 의롭다고 믿고 다른 사람을 멸시하는 자들에게_눅 18:9

말씀에서 보듯이 이 비유가 인간의 기도에 대한 하나님의 태도를 보여준다면, 그 다음에 이어지는 비유는 기도에 있어서 인간의 태도가 하나님 앞에서 어떠해야 할 것인지를 보여준다.

그렇다면 이 비유에 대한 제목을 어떻게 정하면 좋을까? 이 비유도 어떤 제목으로 잡느냐에 따라 그 중심 메시지가 달라진다. '불의한 재판관unjust judge', '집요한 과부persistent widow', '끈질기게 조르는 과부importunate widow'가 바로 비유의 제목들이 될 수 있다. 이러한 제목들은 하나님이 불의한 재판관과 대조되는 것에 강조점이 있는지, 아니면 비유에 나오는 과부처럼 끈질기게 부르짖어야 하는 데에 그 강조점이 있는지에 따라 달라진다. 그러나 이 비유의 강조점을 둘로 본다면, '재판관과 과부의 비유'라는 제목도 가능하다. 그러나 가장 적절한 제목은 '불의한 재판관'이라 생각된다. 그 이유는 맨 처음 이 비유를 보게 되면 과부의 집요한 요청을 통해서 신앙인이 가져야 할 기도의 자세를 배우게 되지만, 결론부를 면밀히 살펴보게 되면 그 재판관과는 대조되는 하나님의 성품이 강하게 대조되면서 기도와 종말의 관계로 넘어가고 있기 때문이다.

플로서Flosser라는 학자는 예수님의 비유 가운데 3개의 '불명예 비유들scandalous parables'로 '불의한 재판관 비유18장', '불의한 이웃 비유11장', '불의한 청지기 비유16장'를 꼽았다. 왜냐하면 모두 부끄러운 사람들이 주인공으로 등장하기 때문이다. 이 비유들은 모두 누가복음에만 기록되어 있다. 잘못 이해하면 하나님이나 예수님에 대한 이미지에 손상을 가져올 가능성이 있음에도, 누가는 중요한 메시지의 전달을 위해 그러한 위험을 개의치 않고 모두 기록했다.

예수께서 그들에게 항상 기도하고 낙심하지 말아야 할 것을 비유로 말씀하여_눅 18:1

예수님께서는 처음부터 비유의 주제를 밝히셨다. 그런가 하면, 누가복음 18:6-8에는 이 비유의 해설과 적용 부분이 함께 들어가 있다. 그러나 결론부가 심상치 않다. 언뜻 보면 문맥과는 별로 관계가 없는 것처럼 보이는 결론으로 끝이 난다.

그러나 인자가 올 때에 세상에서 믿음을 보겠느냐_눅 18:8

이는 종말과의 관계를 보여줌으로써 기도의 종말론적 의미를 드러낸다. 결국 이것은 이 비유 앞에 언급된 종말에 대한 가르침과 자연스럽게 연결되어 있음을 알 수 있다. 우리는 여기서 예수님께서 분명하게 그리고 속히 오신다는 것과, 하나님은 오래 참으시는 분이셔서 지금도 기다리고 계신다는 두 가지 사실 사이에 놓여 있는 긴장감을 느낄 수 있다. 이 두 사실 사이의 긴장감은 다음의 말씀 속에 그에 대한 해석이 들어 있다.

주의 약속은 어떤 이들이 더디다고 생각하는 것 같이 더딘 것이 아니라 오직 주께서는 너희를 대하여 오래 참으사 아무도 멸망하지 아니하고 다 회개하기에 이르기를 원하시느니라_벧후 3:9

우리가 이 비유의 문맥을 보려면, 바로 앞장인 누가복음 17장으로 가야 한다.

> 22또 제자들에게 이르시되 때가 이르리니 너희가 인자의 날 하루를 보고자 하되 보지 못하리라… 26노아의 때에 된 것과 같이 인자의 때에도 그러하리라… 30인자가 나타나는 날에도 이러하리라_눅 17:22-30

이 말씀들을 통해 우리는 세상과 자신의 일에 도취되어 정작 중요한 것은 보지 못하고 살아가는 시대가 바로 종말이 가까운 시점인 것을 깨달아야 한다.

> 내가 너희에게 이르노니 그 밤에 둘이 한 자리에 누워 있으매 하나는 데려감을 얻고 하나는 버려둠을 당할 것이요_눅 17:34

또한 마지막 심판에 대한 말씀, 휴거도 기억해야 한다.

> 그들이 대답하여 이르되 주여 어디오니이까 이르시되 주검 있는 곳에는 독수리가 모이느니라 하시니라_눅 17:37

마지막으로, 예수님의 재림에 대해 말씀하고 있다. 이 비유의 앞장을 통해 우리는 이 비유가 단순히 기도의 이야기만을 다룬 것이 아님을 알 수 있다. 이는 예수님의 재림과 종말과 관련한 배경 속에 주어진 말씀이다.

솔직히 이 비유가 앞장과 시기적으로 바로 이어진 말씀인지, 아니면 어느 정도 공백이 있었는지는 분명하지 않다. 하지만 누가가 이 말씀 다음에 이 비유를 배치한 것은, 분명 이 비유가 심판의 완성과 깊은 관련이 있음을 보여 주는 것이다. 노아의 때와 같은 세상적인 분위기에서 신자들이 가져야 할 태도와 의식에 대해서 말씀하고 계신 것이다. 이러한 상황에서 신자가 택할 수 있는 삶의 두 가지 가능성은 바로 '기도'와 '낙망'일 것이다.

우리는 둘 중의 하나를 택하게 될 것이다. 먼저 이 두 개념을 묶어서 보면, 기도하면 낙망치 않게 되고, 어떤 사람이 낙망하게 되었다면 그것은 그가 기도하지 않았기 때문일 것이다. 이 두 개념을 분리해서 본다면, 우리에게는 이 두 가지가 모두 필요하다. 먼저는 '항상 기도하는 것'이다. 모든 일에 기도로 임하며, 기도로 시작하고 기도로 끝내는 것이다. 그러나 어떤 기도는 바로 응답되지 않을 수 있다. 그렇다고 해서 낙망해서는 안 되며, 오히려 낙망치 말고 하나님의 때를 기다려야 한다. 여기서 낙망치 말아야 하는 것은 선택이 아닌 필수다. 반드시 낙망해서는 안 된다는ought not 것이 의무 조항으로 들어 있기 때문이다.

이 비유에 나오는 설명이 필요한 부분들에 대해서 살펴보자.

"그들"눅 18:1은 누구인가? 그것은 누가복음 17:22의 '제자들'을 지칭한다. 이것은 이 비유가 누가복음 17:22 이하에 기록된 예수님의 말씀과 어떤 연관성이 있음을 보여 주는 것이다. 세상 사람들은 예수님의 재림이 임박할 때까지, 환난과 멸망이 임하기 전에는 전혀 깨닫지 못하는 둔감함과, 대조적으로 제자들에게 있어야 할 순교적 각오와 영성의 필요성을 말씀하고 있다. 이러한 배경 속에서도 신앙인으로서 살아야 할 올바른 태도는 항상 기도하고 낙망치 말아야 한다는 것이다. 처음에 재판관은 과부의 호소를 듣지 않았다. 얼마나 오랫동안이었는지는 몰라도 상당한 기간 동안 귀를 기울이지 않은 것 같다. 결국 마샬I.H. Marshall이 지적하듯이, 누가복음 18:4의 "얼마 동안epi xronon"은 '오랫동안FOR A LONG TIME'으로 번역하는 것이 더 타당하다. 그리고 "듣지 아니하다가uk ethelen"는 원하지 않았다는 뜻으로서, 미완료과거형으로 '계속적으로 원하지 않았음'을 보여준다.

그 재판관은 마음 속으로 이렇게 생각하였다.

> 내가 하나님을 두려워하지 않고 사람을 무시하나_눅 18:4

그는 어떤 일도 억지로 하고 싶어 하지 않았다. 왜냐하면 그는 하나님을 두려워하지 않을 뿐만 아니라 여자에 대해서 아무런 관심도 갖고 있지 않았기 때문이다. 물론 그는 종교적인 사람도, 인도주의적인 사람도 아니었다. 그는 십계명의 두 돌판을 모두 무시하는 사람이었고, 하나님과 이웃도 돌보지 않는 사람이었다. 그런데 재판관이 갑자기 과부의 소원을 들어준 이유는 무엇일까?

> 이 과부가 나를 번거롭게 하니 내가 그 원한을 풀어 주리라 그렇지 않으면 늘 와서 나를 괴롭게 하리라 하였느니라_눅 18:5

재판관은 '그녀가 나의 평판을 떨어지게 할 것이다', '내게 해를 입힐 것이다'는 생각을 했고, 그래서 과부의 소원을 들어준 것이다. 그는 하나님과 인간에 대해 아무런 관심이 없었고, 오직 자신에게만 관심을 가지고 있었다. 그러므로 그가 나중에 과부의 청을 들어준 이유도 정의실현이나 과부의 인권을 위해서가 아닌, 오직 자신의 불편을 면하기 위한 철저한 이기주의적인 동기에서 나왔다. 우리는 여기서 당시 그곳의 여자들에 관한 문화를 알아 볼 필요가 있다. 당시 여자들은 탈무드나 다른 문헌을 볼 때 법정에 갈 수 없었다. 그러나 여자들은 남자의 경우와는 달리 자신의 억울함이나 도움의 요청을 위해 소리를 칠 수 있었다. 아마도 이 과부는 멀리서 그 재판관을 향하여 계속해서 소리쳤을 가능성이 높다. 성경에는 과부와 고아와 나그네에 대한 특별 보호 규정이 많다. 그것은 그들에 대한 특별한 보호가 없으면 생존이 어려웠던 환경이었기 때문이다.

> 하나님 아버지 앞에서 정결하고 더러움이 없는 경건은 곧 고아와 과부를 그 환난중에 돌보고 또 자기를 지켜 세속에 물들지 아니하는 그것이니라_약 1:27

초대 교회의 사역 중 하나도 과부를 돌보아 주는 일이었다고 기록되어 있다행 6:1-6, 딤전 5:1-16. 그러나 여기에 등장하는 과부에게는 변호해 줄 사람도, 불의한 재판장에게 통할 수 있는 뇌물로 쓸 만한 재산도 없었다. 그녀가 가진 유일한 무기는 끈질기게 매달리는 것뿐이었다. 당시 과부의 지위는 생각보다 비참했다. 내가 사역했던 끄웨르바 부족들의 여자보다도 훨씬 어려운 상황이었다. 그들은 재혼이 불가능했다. 만약 남편이 죽었을 경우에는 두 가지 선택을 할 수 있었는데, 하나는 친정으로 돌아가거나 아니면 시댁에 남는 것이었다. 친정으로 돌아가려면 친정은 시댁에 지참금을 돌려주어야 했고, 시댁에 남게 되면 거의 종과 같은 신분으로 살아야 했다. 그래서 예레미야는 과부의 비참한 상황에 빗대어 다음과 같이 예레미야애가를 시작하고 있다.

> 슬프다 이 성이여 전에는 사람들이 많더니 이제는 어찌 그리 적막하게 앉았는고 전에는 열국 중에 크던 자가 이제는 과부 같이 되었고 전에는 열방 중에 공주였던 자가 이제는 강제 노동을 하는 자가 되었도다_애 1:1

그러나 과부에 대한 하나님의 태도는 다르셨다. 우리는 곳곳에서 과부 학대에 대한 하나님의 비판적 태도사 1:23, 말 3:5를 볼 수 있다. 하나님은 과부의 변호자요출 22:2-7, 신 10:18, 과부의 정의를 왜곡하는 자를 저주하시며

신 27:19, 과부가 죽은 남편 대신 법정에 설 때 남자와 동등하게 취급할 것 신 30:9을 말씀하셨다. 예수님은 바리새인을 과부의 가산을 삼키는 자로 묘사하셨고, 과부의 아들을 살리시기도 했다. 그리고 가난한 과부의 두 렙돈 헌금에 대해 크게 칭찬하셨다.

한 가지 아쉬운 것은 "내 원수에 대한 나의 원한을 풀어 주소서"눅 18:3이다. 이는 "내게 정의를 베푸소서"라고 번역하는 것이 더 적절할 것 같다. 왜냐하면 우리 성경에서 '원한ekdikeo'으로 번역된 단어는 '누구를 위하여 정의를 확보해 주다'는 의미를 가지고 있기 때문이다롬 12:19. 한마디로 정의 확보를 위해서 원한을 풀어달라는 것이지, 진노를 쏟아 부어지는 것을 구하고 있는 것이 아니다. 사실상 당시 헤롯의 관할 하에 있는 거의 모든 지역은 불의와 악과 압제가 자행되고 있었다. 아마도 여기서 가해자는 과부의 재산을 강탈하거나 사취斯取했을 가능성이 높다. 그리고 '원한'은 사실상 영어로는 번역되기 어려운 단어다. 다만 한국인에게는 상당히 흔한 단어다. 그러나 '원한怨恨'이라는 단어보다는 우리의 정서에 들어 있는 '한恨'이라는 단어가 더욱 적절할 것으로 보인다. 또한 여기에 나오는 '원수'라는 단어는 굳이 법정 용어의 원수와 같은 존재라기보다는 가해자로 보는 것이 좋다.

"번거롭게 하니parekein kopon"눅 18:5는 '괴로움을 유발하다', '괴롭게 하다'의 의미로, 어간은 '휘포피아조hupopiajo'라는 단어다. 이는 권투선수가 상대 선수의 눈을 멍들게 때리는 경우에 쓰이는 권투 용어였고, '몹시 괴롭히다' 또는 '못 견디게 하다'의 의미를 가지고 있었다. 그러나 이 단어는 남에게 모욕을 주는 것부터 폭력을 쓰는 것까지 다양한 의미를 지니고 있었다. 그래서 데렛Derrett이라는 학자는 이 단어를 '위신을 잃는 것'으로 해석하였다. 그러므로 '체면을 잃는 것'이란 뜻도 함께 가지는 것으로 간주되어, 누가복음 11:8의 '아나이데이아anaideia'가 갖고 있는 '창피를 면하기 위해' 혹은 '체면에 손상을 입지 않기 위해'와도 비교가 된다. 이 단어는 바울이 고린도전서에서도 사용한 단어인데, 케이오KO 펀치를 의미하는 강한 신체적 공격을 의미한다.

> 내가 내 몸을 쳐 복종하게 함은 내가 남에게 전파한 후에 자신이 도리어 버림을 당할까 두려워함이로다_고전 9:27

그러므로 여기에서 재판관은 과부로부터 육체적인 의미에서 상처를 입을 수도 있고, 아니면 비유적인 의미에서 사회적, 정신적 상처를 받을 수도 있었을 것이다.

또한 "괴롭게 하리라"눅 18:5는 히브리어의 '파가PAGA'에 해당하는데, 이 단어는 육체적 공격이나 혹은 드물게 사용되었지만 상대의 명예에 타격을 가하는 비유적 공격에도 쓸 수 있는 단어였다. 만약 과부가 공중 앞에서 재판관의 얼굴에 공격을 가했다면, 그것은 재판관에게 엄청난 수치가 되었을 것이다.

계속해서 "내가 그 원한을 풀어 주리라"눅 18:5는 독백에 대한 가장 좋은 번역은, '다시는 그 여자가 나에게 와서 공격을 가하지 못하도록 내가 그 여자에게 공의를 세워 주어야 하겠다', 혹은 비유적으로 볼 때에는 '그 여자가 계속 와서 나의 진을 빼고 나를 지치게 만들지 못하도록 그 여자의 요구를 들어주어야 하겠다'는 것이 된다.

"늘"눅 18:5이라는 단어는 '끝까지eis telos', '집요하게', '관철될 때까지'를 의미한다. 여기서 그 불의한 재판관은 자신의 평판에 대해 관심을 가지고 있었을 것이다. 그래서 그는 자신의 평판에 손상이 올 가능성이 있는 그 과부의 집요한 요구와 괴롭힘에 대해서 결론을 내려야 했다.

"속히en taxei"눅 18:8는 '빨리', '곧', 혹은 '갑자기'의 의미를 가지고 있다. 그러나 이것은 '즉시'라는 단어와는 구별된다. 예를 들어, 예수님께서는 우리의 기도를 하나님의 시간에 맞게 '속히' 처리해 주신다. 그러나 항상 '즉시' 해결되는 것은 아니다.

그렇다면, 이 비유가 우리에게 주는 교훈을 살펴보자.

첫째, 이 비유는 항상 기도하라는 신앙 자세에 대해 가르쳐 준다

누가복음에는 '기도하다'라는 말이 총 19회신약 전체에 46회니까 약 40%/ 마가복음 10회, 마태복음 15회가 나온다. 이를 통해 누가는 특히 기도에 대해 관심이 많았음을 알 수 있다. 누가는 예수님의 삶과 사역의 중요한 순간마다 있었던 기도에 관련하여 정확하고 상세하게 기록하였다.

> 예수도 세례를 받으시고 기도하실 때에 하늘이 열리며_눅 3:21
>
> 12이 때에 예수께서 기도하시러 산으로 가사 밤이 새도록 하나님께 기도하시고 13밝으매 그 제자들을 부르사_눅 6:12-13
>
> 예수께서 이르시되 아버지 저들을 사하여 주옵소서_눅 23:34
>
> 아버지 내 영혼을 아버지 손에 부탁하나이다_눅 23:46

우리가 앞서 살펴보았던 것처럼 이 비유의 결론은 처음 부분눅 18:1에 나온다. 결국 기도에 있어서 가장 중요한 것은 '항상 기도하는 것'이며, 다른 성경의 저자들은 그것이 바로 '하나님의 뜻살전 5:16-18'이라고 전한다. 그러나 만약 기도가 인간의 소원을 이루는 방법이라고 본다면거래적 기도, 정확하게 말해서 항상 기도할 필요는 없을 것이다. 하지만 기도는 하나님과의 인격적인 관계이기 때문에 항상 기도해야 한다. 항상 기도하는 것은 일시적인 행동이라기보다는 신자의 바람직한 태도가 되어야 한다. 19세기 러시아의 은자 테오판은 "기도는 하나님 앞에 마음으로 서는 것이며, 그것도 생명이 다할 때까지 끊임없이 서는 것이다"라고 말했다.

누가복음 18:1에 나타난 강조점은 "항상"이라는 단어에 있다. 이것은 항상 말을 하고 있어야 한다는 것보다 항상 기도하는 삶의 태도를 말한다. 기도한다는 것은 하나님의 뜻을 만족스럽게 여기고, 그 뜻에 어긋나는 모든 것을 불만족스럽게 여기는 것을 의미한다. 우리가 항상 기도한다면, 항상 우리에게는 낙망이 없을 것이다. 그런데 이와 관련하여 하나님의 경고가 비유의 마지막 부분에 나타난다.

> 그러나 인자가 올 때에 세상에서 믿음을 보겠느냐_눅 18:8

이것이 의미하는 바를 알기 위해서는 앞장에서 제자들에게 말씀하셨던 모든 말씀으로 다시 돌아가야 한다. 다시 말해서, 인자의 재림이라는 주제로 돌아가야 한다. 이것은 예수님께서 믿음을 찾지 않으신다는 의미가 아니라, 말세에 우리 중에서 확고하게 승리하는 믿음을 찾지 못하리라는 의미다. 이 세대가 온 땅에 대한 완전한 승리와 함께 완성되는 것이 아니고, 인자의 강림으로 갑자기 심판을 받게 될 것이라는 말씀과 조화를 이루고 있다고 볼 수 있다. 이는 깨어 신앙생활을 하는 것이 그만큼 어렵다는 것을 말하며, 그렇지만 신앙인은 그때까지도 기도하는 자세와 낙망치 않는 태도를 견지해야 한다는 것이다.

둘째, 하나님과 재판관의 대조를 통해서 하나님의 성품에 대해 가르치고 있다

이 비유의 일차적인 교훈은 예수님께서 누가복음 18:1에서 적용하셨듯이, 기도함에 있어서 '인내의 중요성'을 가르치시려는 것이다. 그러나 우리가 이 비유를 다시 한 번 보게 된다면, 그 일차적인 가르침의 정반대의 교훈이 오히려 크게 부각되고 있음도 보게 된다. 우리에게 꼭 열려야 될 문을 열심히 두드리고, 우리가 필요로 하는 것을 열심히 구하며, 우리에게 있어야 할 것을 열심히 찾는 것은 우리가 가져야 할 올바른 기도의 자세다. 그러나 이 비유가 가르치는 또 다른 교훈이 재판관과 하나님을 대조하는 것에서 드러나고 있음에 주의해야 한다.

재판관은 하나님과 전적으로 다르다. 그는 절대적인 하나님의 율례를 인정하지도 않았다. 그는 지극히 자기 중심적이었고, 자기 자신만을 위해서 사는 수준 낮은 삶을 살고 있었다. 그는 하나님과 다른 사람들에 대해서 전혀 관심이 없는 사람이었다. 또한 고상한 사람이라면 관심을 가져야 했을 고차원적인 자신을 향한 제재 규약에 아무런 반응도 보이지 않는 사람이었다.

그러나 하나님은 이와는 너무나 대조되는 분이다. 하나님은 재판관과는 정반대의 성품을 가지신 분이고, 스스로 존재의 제재 규약에 제한되시는 분이다. 그래서 하나님은 하나님 자신, 자신의 의, 거룩하심, 공의, 사랑에 상반되는 일은 하실 수 없으시다. 또한 하나님은 거짓을 행할 수 없으며, 불의할 수 없는 분이시다. 하나님은 거룩하실 수밖에 없으며, 자비할 수밖에 없으시다. 그래서 하나님께서는 밤낮 부르짖는 택하신 자들의 원한을 풀어주실 수밖에 없는 분이시다. 그러나 그것은 인간의 편에서의 끊임없는 부르짖음을 의미하지는 않는다. 오히려 그것은 온 세대에 걸쳐 필요가 지속됨을 의미할 뿐이다. 그분은 그의 택하신 자들에 대해서 오래 참으시고, 신속히 그들의 원수를 갚아주실 것이다. 그 불의한 재판관은 번거로움을 피하고자 억지로 자비를 베풀었고, 오랫동안 지체하면서 무관심하다가 과부의 요청을 마지 못해 들어주게 되었다. 그러나 우리가 하나님께 나아간다면, 그분은 신속히 행동하실 것이다. 재판관의 행동은 자신의 번거로움을 피하기 위함이었으나, 하나님의 행동은 인간을 위해 기꺼이 모든 것을 주시고자 하는 마음에 의해 이뤄지는 것이다.

> 자기 아들을 아끼지 아니하시고 우리 모든 사람을 위하여 내주신 이가 어찌 그 아들과 함께 모든 것을 우리에게 주시지 아니하겠느냐_롬 8:32

그러므로 우리가 하나님께 기도할 때 하나님께서 마치 우리의 기도를 듣지 않고 계시기나 한 것처럼 기도할 필요가 없다. 그분은 언제나 우리의 기도를 듣고 계신다. 우리는 기도를 통해 하나님을 설득하려고 할 필요가 없다. 그분은 이미 우리의 필요를 정확히 알고 계시기 때문이다.

누가복음 11장의 '한밤중의 친구 비유'와 18장의 '불의한 재판관 비유'는 둘 다 상대방의 요구를 들어주는 비유로서, 공의나 진리 또는 양심의 동기나 선행의 동기가 아닌 귀찮고 번거로워서 혹은 자신의 이기적인 동기에서 들어주었다고 말한다. 그렇다고 사람이 무엇이든지 하나님께 가지고 나가 귀찮게 굴기만 하면 하나님은 무조건 들어 주신다는 말씀은 아니다. 만약 그렇다면 하나님은 공의로우신 하나님이 아닐 것이다. 이는 두 비유에 나타나는 중요한 단어 "하물며how much more, nevertheless"눅 11:13, 18:7에 잘 나타난다.

> 너희가 악할지라도 좋은 것을 자식에게 줄 줄 알거든 하물며 너희 하늘 아버지께서 구하는 자에게 성령을 주시지 않겠느냐 하시니라_눅 11:13

> 6주께서 또 이르시되 불의한 재판장이 말한 것을 들으라 7하물며 하나님께서 그 밤낮 부르짖는 택하신 자들의 원한을 풀어 주지 아니하시겠느냐 그들에게 오래 참으시겠느냐_눅 18:6-7

이러한 철학적 논증 방법을 '아포르티오리afortiori'라고 하는데, 그 의미는 '더욱 유력한 이유로써', '더욱이'라는 것이다. 예를 들어, '탱크가 지나갈 수 있는 다리라면, 사람이야 말할 것도 없이 지나갈 수 있는 안전한 다리'라고 말할 수 있다는 논리에 그 논증 방법이 사용된다.

여기서 예수님은 하나님과 인간을 동질성에 놓고 비교하지 않으신다. 대조를 통한 강조법 형식으로 메시지를 강조하고 있다. 따라서 두 비유가 주는 메시지는 염치없이 달려들어 하나님을 번거롭게 함으로 얻어내는 하나님의 축복이라기보다는, 오히려 인내와 함께 하나님을 신뢰하고 그에게 기도함으로 응답을 받아내는 기도자의 특권과 능력을 강조한다고 볼 수 있다.

> 너희가 악한 자라도 좋은 것으로 자식에게 줄 줄 알거든 하물며 하늘에 계신 너희 아버지께서 구하는 자에게 좋은 것으로 주시지 않겠느냐_마 7:11

그러므로 성도는 낙심하여 기도하기를 중단해서는 안 된다. 언제나 인내와 끈기를 가지고 하나님께 기도해야 한다. 기도의 응답은 우리의 열심과 끈기에 달려 있다기보다 하나님의 성품에 달려 있는 것이다. 때로는 기도의 응답이 우리의 생각보다 늦을 수 있다. 어거스틴은 "하나님은 때로 우리 기도에 대하여 더디 주실 때가 있다. 그러나 더디기는 하지만 거절하시지는 않는다. 오랫동안 기도하면 더 큰 은사를 주신다. 빨리 주실 때에는 우리가 그 가치를 잘 모르나, 은사와 그 응답의 큰 가치를 배우려면 은사 주시는 것을 잠시 늦추시는 하나님을 기억해야 한다"고 말했다.

셋째, 기도의 종말적 성격에 대해 가르치고 있다

우리가 앞에서 보았듯이 이 비유의 적용에서 대조법을 사용하여 재판관과는 판이하게 다른 하나님의 성품에 대해 다루고 있다. 그런데 이 비유는 누가복음 18:8 이하의 결론부에서 새로운 국면으로 전환된다. "믿음을 보겠느냐"눅 18:8는 이 비유와는 무관한 질문처럼 보인다. "그러나 인자가 올 때에 세상에서 믿음을 보겠느냐"눅 18:8의 원문에는 '그 믿음'으로 되어 있다. 이것은 재림의 때에 그러한 믿음을 찾아보기란 힘들 것이라는 탄식이 섞여 있음을 알 수 있다. 이 결론은 끈질기고 변함없는 기도의 중요성을 강조하면서 동시에 기도의 종말론적 성격을 분명하게 보여주고 있다. 예수님의 재림은 꾸준한 기다림을 요구하는데, 신자들은 그 기간 동안 반드시 그들의 믿음을 유지하고 있어야 할 것을 권면하고 있다.

여기서 끈질긴 과부는 예수님이 다시 오실 때까지 기도해야 하는 교회의 모습을 상징한다. 예수님의 재림과 기도의 상관성, 예수님께서 교회의 종말을 준비하는 자세와 기도와의 관계를 말씀하고 있는 것이다. 우리는 그것을 종말론적 기도라고 부를 수 있다. 그러므로 이 비유 해석의 기본적인 틀은 예수님께서 비유를 주시는 목적에서 밝히신 것처럼 '포기하지 않는 기도의 중요성'과 끝부분에서의 '기도의 종말론적 성격'이 될 것이다.

종말을 바라보는 신자의 가장 중요한 준비는 '끊임없는 기도'이다. 예수님의 교회가 그의 다시 오심을 위해서 준비해야 하는 가장 중요한 사역은 기도가 되어야 한다. 예수님의 재림이 다가올수록 신자들은 기도하기 어려워질 것이다. 또한 교회는 기도의 사명을 잃어가게 될 것이다. 인간의 편안함과 쾌락추구와 물질적인 풍요는 오히려 기도의 시간을 앗아갈 것이다. 그러한 상황에서 신자들의 각성은 기도를 통해서만 유지될 수 있다. 기도는 말세에 우리들의 신앙을 지켜주는 유일한 수단이 될 것이며, 예수님의 재림을 위한 가장 확실한 준비가 될 것이다.

마지막으로, 종말적 기도가 바로 복음전파와 선교를 위한 기도임을 가르치고 있다

안락함과 편리함, 모든 것이 풍요로운 삶 속에서 재림과 종말에 관한 기대와 바람이 왜 필요할까? 이 세상은 언뜻 보기에 낙원같이 보일 수 있으며, 낙원처럼 변화되어져 가는 것으로 착각할 수 있다. 그러나 이 세상은 어디까지나 거짓 낙원pseudo-Utopia이며, 멸망을 향해서 달려가고 있는 세상임을 한시라도 잊어서는 안 된다. 세상을 진리에 비추어 직시할 필요가 있다. 그래서 성경은 계속해서 세상과 세상에 있는 것들을 사랑하지 말라고 경고한다. 겉으로 보기에는 괜찮게 보이는 이 세상의 속을 들여다보면 엄청난 비리, 부정, 불의, 편견, 차별, 가난, 고통, 핍박의 현실이 바로 그 속에 도사리고 있음을 우리는 매일 신문과 방송을 통해서 확인하고 있다. 그렇다면, 예수님의 재림과 세상의 종말을 준비하는 우리는 도대체 무엇을 위해 기도해야 할까?

예수님께서 가르쳐 주신 기도 중, '주의 나라 임하시고'라는 기도의 의미를 다시 음미해보자. 우리는 예수님의 나라가 이 땅에 임하고, 하나님의 통치가 완성되기를 고대하며 그것을 위해 기도해야 한다.

희망을 포기하고 싶은 충동은 모든 신자들에게 계속되어 온 유혹이다. 그러나 지금 일시적으로 힘들기 때문에 타협해 버리고, 열매가 바로 나타나지 않아서 힘을 잃으며, 지속할 수 없다고 생각하여 재림에 대한 소망을 단념해서는 안 된다.

이 비유는 우리가 아무 것이나, 다 위해서 기도할 수 있다고 가르치지는 않으며, 우리가 끈기 있게 기도한다고 해서 하나님이 모두 들어주신다는 것도 가르치고 있지 않는다. 이 비유의 배경은 누가복음 17:20-37에서 보여 주는 것처럼, 그리스도의 재림이 왜 지연되고 있는지에 대해 말하고 있다. 그런 점에서 재판관에 대한 과부의 탄원은 그리스도의 재림을 바라는 신자들의 기도와 병행을 이룬다. 그러므로 이 비유에서 가르치고 있는 바는 비록 예수님의 재림이 늦어질지라도 반드시 다시 오실 테니 그동안에 재림을 준비하고 기도하며 낙망하지 않으면서 살라는 것이다. 그렇다면 우리는 어떤 내용을 가지고 기도하며 재림을 준비해야 할까? 그것은 분명히 하나님의 뜻과 관련되어 있다. 성경에 나타난 '하나님의 뜻'을 살펴보자.

> 내 아버지의 뜻은 아들을 보고 믿는 자마다 영생을 얻는 이것이니 마지막 날에 내가 이를 다시 살리리라 하시니라_요 6:40

예수님께서는 이 일 때문에 이 땅에 오셨고, 이 일을 위해서 십자가에서 돌아가셨으며, 이 일을 위해서 부활하셨다. 그리고 이 사명을 우리에게 맡겨 주셨다. 하나님의 가장 중요한 뜻은 바로 이것, 다른 사람들의 구원과 관련되어 있다.

> [1]그러므로 형제들아 내가 하나님의 모든 자비하심으로 너희를 권하노니 너희 몸을 하나님이 기뻐하시는 거룩한 산 제물로 드리라 이는 너희가 드릴 영적 예배니라 [2]너희는 이 세대를 본받지 말고 오직 마음을 새롭게 함으로 변화를 받아 하나님의 선하시고 기뻐하시고 온전하신 뜻이 무엇인지 분별하도록 하라_롬 12:1-2

하나님의 선하시고 기뻐하시고 온전하신 뜻은 다른 것이 아니고, 우리가 우리 몸을 산 제사로 하나님께 드려 예배하는 것이며, 아직도 그러한 하나님의 뜻을 알지 못하는 사람들에게 하나님의 뜻을 전하는 것이다.

이르시되 추수할 것은 많되 일꾼이 적으니 그러므로 추수하는 주인에게 청하여 추수할 일꾼들을 보내 주소서 하라_눅 10:2

예수님께서 우리에게 여러 곳에서 기도를 명하셨지만, 특별히 직접 부탁하신 기도 제목이 한 가지가 있다. 바로, 추수할 것이 많은데 일꾼이 없어서 거두지 못하고 있으니, 하나님께 추수할 수 있는 일꾼을 보내달라고 기도할 것을 부탁하셨다. 결국 기도는 종말을 준비하는 종말론적인 성격을 띠고 있으며, 그 종말론적인 성격은 바로 우리가 선교를 위한 기도를 생활화할 때 종말을 위한 가장 제대로 된 준비가 이뤄지는 것이다.

매트릭스 I 이 선택이 모든 것을 결정한다는 인간의 존재 의미를 다루고 있다면, 매트릭스 II 는 인간의 목적론적인 의미를 다루고 있다. 우리가 이 땅에 살아 있는 것은, 그 존재 목적이 있기 때문이다. 하나님께서 우리에게 지워주신 그 목적을 다 이루는 날, 우리는 천국에 가게 될 것이다.

내가 죽지 않고 살아서 여호와께서 하시는 일을 선포하리로다_시 118:17

이 말씀처럼 우리가 오늘 살아서 숨을 쉬며 이 자리에 앉아서 예배드리고 있는 이유는 하나님의 행사를, 예수 그리스도의 복음을 이웃에게, 그리고 아직도 복음을 한 번도 듣지 못한 사람들에게 복음을 전하기 위함이다.

예수님의 비유로 풀어 쓴 **천국 시크릿 12**

불의한 재판관 비유

1. 우리는 항상 기도하는 신앙의 자세를 가져야 한다

말씀은 이 세대가 온 땅에 대한 완전한 승리와 함께 완성되는 것이 아닌 인자의 강림으로 갑자기 심판을 받게 될 것이라는 말씀과 조화를 이룬다. 이는 깨어 신앙생활을 하는 것이 그만큼 어렵다는 것을 말한다. 그러므로 신앙인은 언제나 기도하는 자세를 가져야 한다.

2. 하나님과 재판관의 대조를 통해 하나님의 성품을 알려준다

하나님은 재판관과는 정반대의 성품을 가지신 분이다. 하나님은 거룩하고 자비하신 분이다. 그래서 그분은 택하신 자들에 대해 오래 참으시고, 그들의 원수를 신속히 갚아주신다. 재판관은 자신의 번거로움을 피하기 위함이었으나, 하나님은 그렇지 않으시다.

3. 기도는 종말론적인 성격을 가지고 있다

예수님의 재림이 다가올수록 신자들은 기도하기가 어려워질 것이다. 그러나 기도는 말세에 우리의 신앙을 지켜 주는 유일한 수단이며, 예수님의 재림을 위한 가장 확실한 준비가 될 것이다.

4. 종말론적 기도가 바로 복음 전파와 선교를 위한 기도이다

예수님께서는 죽어가는 영혼을 구원하기 위해 이 땅에 오셨고, 십자가에서 죽으셨으며, 부활하셨다. 그리고 승천하시면서 이 사명을 우리에게 맡기셨다. 죽어가는 영혼을 위해 기도하며, 나아가 복음을 전하라는 것이다. 이것이 바로 하나님의 뜻이다.

프리셉트 어린이 신앙전기 도서

프리셉트 어린이 신앙전기 ❶

파란 눈의 중국인 선교사 **허드슨 테일러**

중국인들의 친구가 된 허드슨 선교사의 이야기. 그는 어려움에 닥칠 때마다 하나님을 의지하며 기도의 힘으로 이겨 냈다.

■ 캐서린 맥켄지 지음

프리셉트 어린이 신앙전기 ❷

고아들의 영웅 **조지 뮬러**

고아들을 돌보며 영혼을 구원하는 일에 전념했던 조지 목사. 그가 행한 섬김의 삶이 얼마나 복된 것인지 볼 수 있다.

■ 아이린 호왓 지음

프리셉트 어린이 신앙전기 ❸

고통 속에서 희망을 노래하는 **코리 텐 붐**

나치가 지배하던 세상은 증오심으로 미쳐가고 있었다. 그 속에서 코리는 말씀을 통해 희망을 노래할 수 있었다.

■ 체스티 호프 바에즈 지음

프리셉트 어린이 신앙전기 ❹

달리기 챔피언 선교사 **에릭 리들**

에릭은 주일에 달릴 수 없다는 이유로 경기를 포기했다. 대신 그는 하나님의 인도하심으로 크나큰 영광을 받게 된다.

■ 존 케디 지음

프리셉트 어린이 신앙전기 ❺

꿈과 열정의 전도자 **빌 브라이트**

평생 뜨거운 전도의 열정을 품고 세계를 누빈 빌 브라이트. 그의 삶은 실천하는 참된 신앙인이란 무엇인지 보여 준다.

■ 킴 트위첼 지음

프리셉트 어린이 신앙전기 ❻

살아 있는 순교자 **리처드 범브란트**

리처드는 핍박을 당하는 상황에서도 모든 사람을 하나님의 사랑으로 용서했다. 또한 믿음을 지키며 그들을 위해 기도했다.

■ 캐서린 맥켄지 지음

프리셉트 어린이 신앙전기 ❼

종교 개혁의 횃불을 든 **마틴 루터**

루터의 용기 있는 신앙이 타락한 교회를 주님만을 바라보는 교회로 변화시켰고, 성경이 말하는 진리를 깨닫게 했다.

■ 캐서린 맥켄지 지음

프리셉트 어린이 신앙전기 ❽

열정의 복음 전도자 **디엘 무디**

하나님은 열정으로 가득한 무디를 통해 사람들에게 말씀을 전하셨으며, 오랫동안 방황하던 영혼들을 새롭게 변화시키셨다.

■ 낸시 드러먼드 지음

■ PRECEPT BOOK LIST

I 영성 · 자기개발 · 리더십

1 감동을 창조하는 인간관계 윌리암 J. 디엄
2 축복의 언어 존 트렌트·게리 스몰리
3 고통의 의미 케이 아더
4 참된 성공에 이르는 비결 데이비드 쇼트
5 성공의 삶을 디자인하라 피터 허쉬
6 하나님의 주권 케이 아더
7 축복의 통로 래리 허커
8 영적 전투에서 승리하는 길 워렌 W. 위어스비
9 Oswald Sanders의 영적성숙 오스왈드 샌더스
10 성경적 EQ 개발 크리스 터만
11 영성회복을 위한 40가지 열쇠 스티븐 아터번 외
12 기도하는 엄마들(소책자) 펀 니콜스
13 삶을 변화시킨 끄웨르바 이야기 김연수
14 나비 이야기 프리셉트성경연구원
15 앤드류 머레이의 온전한 순종 앤드류 머레이
16 비전의 힘 마일즈 먼로
17 영광스러운 믿음 엘리자베스 엘리엇

II 클래식 시리즈

1 앤드류 머레이의 온전한 순종 앤드류 머레이
2 현대인을 위한 그리스도를 본받아 토마스 아 켐피스
3 앤드류 머레이의 하늘문을 여는 기도 앤드류 머레이
4 현대인을 위한 예수님이라면 어떻게 하실까? 찰스 쉘던
5 현대인을 위한 어거스틴의 고백록 성 어거스틴
6 현대인을 위한 참된 목자 리처드 백스터
7 현대인을 위한 성도의 공동생활 디트리히 본회퍼
8 현대인을 위한 죄 죽이기 존 오웬
9 현대인을 위한 천로역정 존 번연
10 현대인을 위한 제자도의 대가 디트리히 본회퍼

III 목회 · 교회 · 교육

1 Power! 전도중심교회 김상현
2 OLD&NEW 김우영·김병삼
3 장로교와 감리교 무엇이 다른가? 김우영
4 심방설교 핵심파일 프리셉트성경연구원
5 하나님의 존재증거 케네스 보아·로버트 바우만
6 네트워크 은사발견 사역(주교재) 빌 하이블스 외
7 신앙생활 ABC 박광철

IV 성경강해

1 파워리더 여호수아 김경섭
2 파워리더 느헤미야 김경섭
3 믿음의 영웅들(히 11장) 김경섭
4 하늘의 음성(산상수훈) 김경섭
5 모세 지도력의 비밀(출애굽기) 김경섭
6 항상 기뻐하라(빌립보서) 김경섭
7 사사열전(사사기) 김경섭
8 그리스도의 가상칠언 김경섭
9 놀라운 하나님의 이름 김경섭
10 담대한 믿음, 여호수아 이윤재
11 스토리텔링 다윗 설교(사무엘서) 김연수
12 지혜로운 生테크 이렇게 하라(전도서) 웨인 슈미트
13 천국 시크릿(비유 시리즈) 김연수
14 하나님, 왜 침묵하십니까?(하박국) 케이 아더
15 복음이란 무엇인가? 김경섭
16 하나님, 솔직히 돈이 좋아요! 김병삼

V 설교 및 설교예화

1 청중을 사로잡는 설교자 캘빈 밀러
2 존 스토트 설교의 원리와 방법 안병만
3 열정적 설교 알렉스 몬토야
4 주제별 말씀 모음집 김경섭 외
5 홍정길 목사의 301가지 감동 스토리 I·II 프리셉트성경연구원
6 하나님을 미소짓게 하는 이야기 김병삼
7 설교, 그 영광의 사역 한진환

VI 스토리체 성경공부

1 프리셉트 귀납적 성경연구 방법 케이 아더
2 하나님을 향한 마음 케이 아더
3 영적 성장을 위한 길잡이 케이 아더·데이빗 아더
4 영적 치유 케이 아더
5 나의 나 된 것은 하나님의 은혜라 케이 아더
6 하나님 이름에 숨겨진 비밀 케이 아더
7 하나님의 신실한 언약 케이 아더
8 하나님, 왜 침묵하십니까?(하박국) 케이 아더
9 영적전투(에베소서) 케이 아더
10 주님, 우리에게 기도를 가르쳐 주세요(주기도문) 케이 아더
11 하나님의 의 케이 아더
12 하나님의 연단 케이 아더
13 하나님의 나라 케이 아더

Ⅶ 프리셉트 성경

1 (개역/PU) 특중 단본(네이비/다크초콜릿)
2 (개역/PU) 특중 합본(네이비/다크초콜릿)
3 (개역/우피) 특중 단본(검정/다크초콜릿)

Ⅷ 묵상 · 성경공부

1 큐티합시다 오대희
2 수험생을 위한 100일 QT 프리셉트성경연구원
3 입시생을 위한 60일 묵상 프리셉트성경연구원
4 Q.T 첫 걸음 프리셉트성경연구원
5 효과적인 경건의 시간 케이 아더
6 성경은 과연 믿을 만한가? 어윈 루처
7 묵상하는 사람들 QT(요한복음·요한계시록) 프리셉트성경연구원
8 묵상하는 사람들 QT(서신서 등) 프리셉트성경연구원
9 묵상하는 사람들 QT(여호수아 등) 프리셉트성경연구원
10 묵상하는 사람들 QT(지혜서 등) 프리셉트성경연구원

Ⅸ 가정 · 상담 · 치유

1 성, 그 끝없는 유혹 케이 아더
2 아내를 사랑하는 10가지 방법 한스&도나 핀젤
3 행복한 결혼생활의 비결 케이 아더
4 까다로운 사람들과 함께 만드는 교향곡 윌리암 J. 디엄
5 감동을 창조하는 인간관계 윌리암 J. 디엄
6 감정 치유의 6단계 데이비드 클락
7 찰스 스펄전의 은혜 찰스 스펄전
8 하나님을 향한 마음 케이 아더
9 하나님의 연단 케이 아더
10 부활 케이 아더

Ⅹ 핸드북

1 그리스도와 함께 앤드류 머레이
2 기도, 하나님과의 로망스 후안 카를로스 오르티즈
3 나를 연단하시는 하나님의 섭리 케이 아더
4 십자가 상의 일곱 마디 말씀 김경섭
5 소리나는 스프 홍정길
6 일상에서 배운 삶의 지혜 토드 템플
7 성공을 가로막는 일곱가지 장애 김병삼
8 성공을 디자인하는 삶의 비밀 피터 허쉬
9 인간관계, 감동으로 창조하라 윌리암 J. 디엄
10 영성회복을 위한 40가지 열쇠 스티븐 아터번 외
11 그리스도를 본받아 토마스 아 켐피스

Ⅺ 어린이

1 놀라운 성경 탐험 메리 홀링스워스
2 나의 사랑하는 성경(구약) 오대희
3 나의 사랑하는 성경(신약) 오대희
4 365일 이야기 그림 성경(구약 편) 엘시 이거마이어
5 이야기 그림 성경(신약 편) 엘시 이거마이어
6 어린이를 위한 벤허 루 월리스
7 어린이를 위한 천로역정 존 번연
8 파란 눈의 중국인 선교사 허드슨 테일러 캐서린 맥켄지
9 고아들의 영웅 조지 뮬러 아이린 호왓
10 고통 속에서 희망을 노래하는 코리 텐 붐 체스티 호프 바에즈
11 달리기 챔피언 선교사 에릭 리들 존 케디
12 꿈과 열정의 전도자 빌 브라이트 킴 트위첼
13 살아 있는 순교자 리처드 범브란트 캐서린 맥캔지
14 종교 개혁의 횃불을 든 마틴 루터 캐서린 맥캔지
15 열정의 복음전도자 디엘 무디 낸시 드러먼드
16 버마를 구한 하나님의 사람 아도니람 저드슨 아이린 호왓
17 어둠을 밝힌 위대한 종교 개혁가 존 칼빈 캐서린 맥켄지
18 천로역정을 저술한 믿음의 순례자 존 번연 브라이언 코즈비
19 나치에 저항한 행동하는 양심 디트리히 본회퍼 데이스프링 매클라우드
20 부흥의 불꽃을 일으킨 천재 신학자 조나단 에드워즈 크리스티안 티모시 조지
21 위대한 복음의 밀수꾼 브라더 앤드류 낸시 드러먼드
22 노예상인 출신 복음 전도자 존 뉴턴 아이린 호왓
23 노예제 폐지를 이끈 영국의 양심 윌리엄 윌버포스 데릭 빙엄
24 발명왕 땅콩박사 조지 카버 박효숙

Ⅻ 청소년

1 말씀으로 치유되는 십대들의 고민 50가지 필 첼머스
2 청소년 365일 묵상집 프리셉트성경연구원
3 청소년을 위한 구약개관 프리셉트성경연구원

XIII 기도

1 기도하십니까? 후안 카를로스 오르티즈
2 앤드류 머레이의 하늘문을 여는 기도 앤드류 머레이
3 기도하는 엄마들(소책자) 펀 니콜스
4 기도일지 ①, ②, ③, ④ 최복순
5 기도의 열정에 불 붙이라! 펀 니콜스 외
6 한영기도일지 ① 최복순

클래식 도서

현대인을 위한 그리스도를 본받아

이 책은 성경과 천로역정 다음으로 가장 사랑받고 있는 고전이다. 영적 거장들을 포함한 수많은 사람의 삶을 변화시킨 이 책은, 현대를 살아가는 우리에게도 시대를 초월한 감동을 선사할 것이다.

■ 토마스 아 켐피스 지음

현대인을 위한 예수님이라면 어떻게 하실까?

110여 년의 세월을 관통하는 위대한 질문을 통해 우리는 삶을 다시 한번 돌아보게 될 것이다. 우리의 삶에서 '예수님이라면 어떻게 하실까'를 먼저 생각하며, 주님의 발자취를 따라가는 삶이 되자.

■ 찰스 쉘던 지음

현대인을 위한 어거스틴의 고백록

하나님에 대한 열정이 담긴 이 책은 기독교 고전 중 가장 위대한 책이라 불리고 있다. 이 책은 죄로 마음이 억눌린 자와 하나님의 자비를 구하는 자들에게 놀라운 회복의 역사를 선물할 것이다.

■ 성 어거스틴 지음

현대인을 위한 참된 목자

사명을 이루기 위해 처음부터 끝까지 하나님의 방법으로 행하라. 목자가 스스로 복음의 확신을 갖고 항상 깨어 일한다면, 그를 통해 수많은 영혼이 하나님께 돌아와 영광을 돌리게 될 것이다.

■ 리처드 백스터 지음

프리셉트 T. 02-588-2218 | www.precept.or.kr

클래식 도서

현대인을 위한 성도의 공동생활

이 책은 본회퍼의 대표작 중 하나로, 참된 그리스도인이 추구해야 할 순결한 삶에 대해 전하고 있다. 이 책을 통해, 기독교 공동체가 갖는 고귀한 사귐의 아름다운 영성을 누리게 될 것이다.

■ 디트리히 본회퍼 지음

현대인을 위한 죄 죽이기

이 책은 하나님께서 이미 말씀을 통해 죄를 죽일 수 있는 길을 마련해 놓으셨다는 것을 설명한다. 또한 존 오웬은 이 책을 통해 죄를 극복하기 위해서는 성령의 능력을 동원해야 한다고 주장한다.

■ 존 오웬 지음

현대인을 위한 천로역정

이 책은 크리스천과 그의 가족, 친구들이 천국으로 가는 모험담을 담고 있다. 존 번연의 기발한 통찰력과 비유를 통해, 고난을 이겨 내고 천국에 입성하는 자신의 모습을 미리 맛보도록 하자.

■ 존 번연 지음

현대인을 위한 제자도의 대가

이 책은 제자도의 본질을 따르는 희생에 대해 심도 있게 논하고 있다. 디트리히 본회퍼의 삶을 통해 살아 있는 제자도의 불꽃을 전하며, 그리스도인들에게 제자로서 치러야 하는 대가가 무엇인지 보여 줄 것이다.

■ 디트리히 본회퍼 지음

추천 도서

Oswald Sanders의 영적성숙

그리스도인의 영적성숙을 돕는 이 책은 하나님과의 동행을 통해 참된 기쁨과 평강을 누리게 한다. 저자는 믿는 자들에게 꾸준한 영적 성장의 필요성을 강조하며 주님의 영광을 바라보게 한다.

■ 오스왈드 샌더스 지음

좋은 교회에서 위대한 교회로

이 책은 수천 개 교회 중 '위대한 교회'로 도약한 13개 교회를 분석해, 그들의 공통된 성장 원리와 실천 사례를 담고 있다. 교회가 어떻게 비약적 성장을 이룰 수 있는지를 살펴보게 될 것이다.

■ 톰 레이너 지음

부활

이 책은 예수님의 부활이 인류에게 주는 소망과 생명을 깊이 있게 조명하며, 부활절 전후 묵상에 적합한 감동적인 메시지를 담고 있다. 케이 아더는 설득력 있는 필치로 부활의 진리를 생생하게 전한다.

■ 케이 아더 지음

비전의 힘

이 책은 삶을 풍요롭게 만들 비전과 비전 성취에 대해 구체적으로 제시하고 있다. 이 책을 통해, 비전 성취에 대한 동기부여를 갖고 인생을 향한 하나님의 목적을 이룰 수 있을 것이다.

■ 마일즈 먼로 지음

추천 도서

성경은 과연 믿을 만한가?

이 책은 성경을 믿어야 하는 일곱 가지 이유에 대해 설명하고 있다. 성경이 하나님의 진리의 말씀인 이상 현재의 종교적, 도덕적 위기에 대처할 수 있는 희망은 있다.

■ 어윈 루처 지음

그리스도의 가상칠언

이 책은 예수님께서 십자가에서 하신 일곱 마디 말씀인 '가상칠언'을 통해 그리스도인이 나아가야 할 방향을 제시하고 있다. 이를 통해, 깊이 있는 영적 통찰력을 갖게 될 것이다.

■ 김경섭 지음

기도하십니까?

오르티즈 목사님이 한국에서 전한 살아 있는 기도의 메시지를 담은 책으로, 성경적인 기도의 본질을 새롭게 조명한다. 기도의 삶을 갈망하는 그리스도인들에게 도전과 은혜를 선사할 것이다.

■ 후안 카를로스 오르티즈 지음

주제별 말씀 모음집

이 책은 일상에서 말씀이 필요할 때 언제든 찾아보기 쉽도록 주제별로 정리되어 있는 말씀 모음집이다. 이 책을 통해, 하나님의 말씀을 즉시 찾아봄으로써 힘을 얻게 될 것이다.

■ 김경섭 외 엮음

예수님의 비유로 풀어 쓴 **천국 시크릿**

지은이 | 김연수

초판 1쇄 | 2010년 7월 15일
초판 2쇄 | 2025년 8월 15일

발행인 | 김경섭
국제총무 | 최복순
총무이사 | 김현욱
협동총무 | 김상현
편집부 | 고유영(편집실장), 김성경, 김지혜
인쇄 | 영진문원

발행처 | 프리셉트선교회
등록번호 | 108-82-61175
일부총판 | 생명의말씀사 Tel. (02) 3159-7979 Fax. 080-022-8585

주소 | 서울특별시 서초구 청룡마을길 8-1(신원동) (우) 06802
전화 | (02) 588-2218 팩스 | (02) 588-2268
홈페이지 | www.precept.or.kr
국민은행 431401-04-058116(프리셉트선교회)

값 12,000원
ISBN 978-89-8475-452-2 03230

독자 여러분의 의견을 기다립니다.
(02) 588-2218 / pmbook77@naver.com